불 때문에 난리,
물 때문에 법석!

기후위기

통합교과 시리즈
참 잘했어요 과학 24

불 때문에 난리, 물 때문에 법석! 기후위기

ⓒ 신방실, 2021

1판 1쇄 발행 2021년 9월 10일 | **1판 3쇄 발행** 2023년 2월 20일

글 신방실 | **그림** 시미씨 | **감수** 서울과학교사모임
펴낸이 권준구 | **펴낸곳** (주)지학사
본부장 황홍규 | **편집장** 윤소현 | **편집** 박보영 이지연 | **교정교열** 박미영
디자인 이혜리 | **마케팅** 송성만 손정빈 윤술옥 | **제작** 김현정 이진형 강석준
등록 2010년 1월 29일(제313-2010-24호) | **주소** 서울시 마포구 신촌로6길 5
전화 02.330.5263 | **팩스** 02.3141.4488 | **이메일** arbolbooks@jihak.co.kr
ISBN 979-11-6204-118-5 74400
ISBN 979-11-85786-82-7 74400(세트)

잘못된 책은 구입하신 곳에서 바꿔 드립니다.

 제조국 대한민국 **사용연령** 8세 이상
KC마크는 이 제품이 공통안전기준에 적합하였음을 의미합니다.

지학사아르볼 아르볼은 '나무'를 뜻하는 스페인어. 어린이들의 마음에
담긴 씨앗을 알찬 열매로 맺게 하는 나무가 되겠습니다.
홈페이지 www.jihak.co.kr/arb/book | **포스트** post.naver.com/arbolbooks

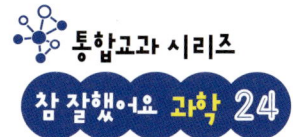

통합교과 시리즈
참 잘했어요 과학 24

기후 위기

**불 때문에 난리,
물 때문에 법석!**

글 신방실 | 그림 시미씨 | 감수 서울과학교사모임

지학사아르볼

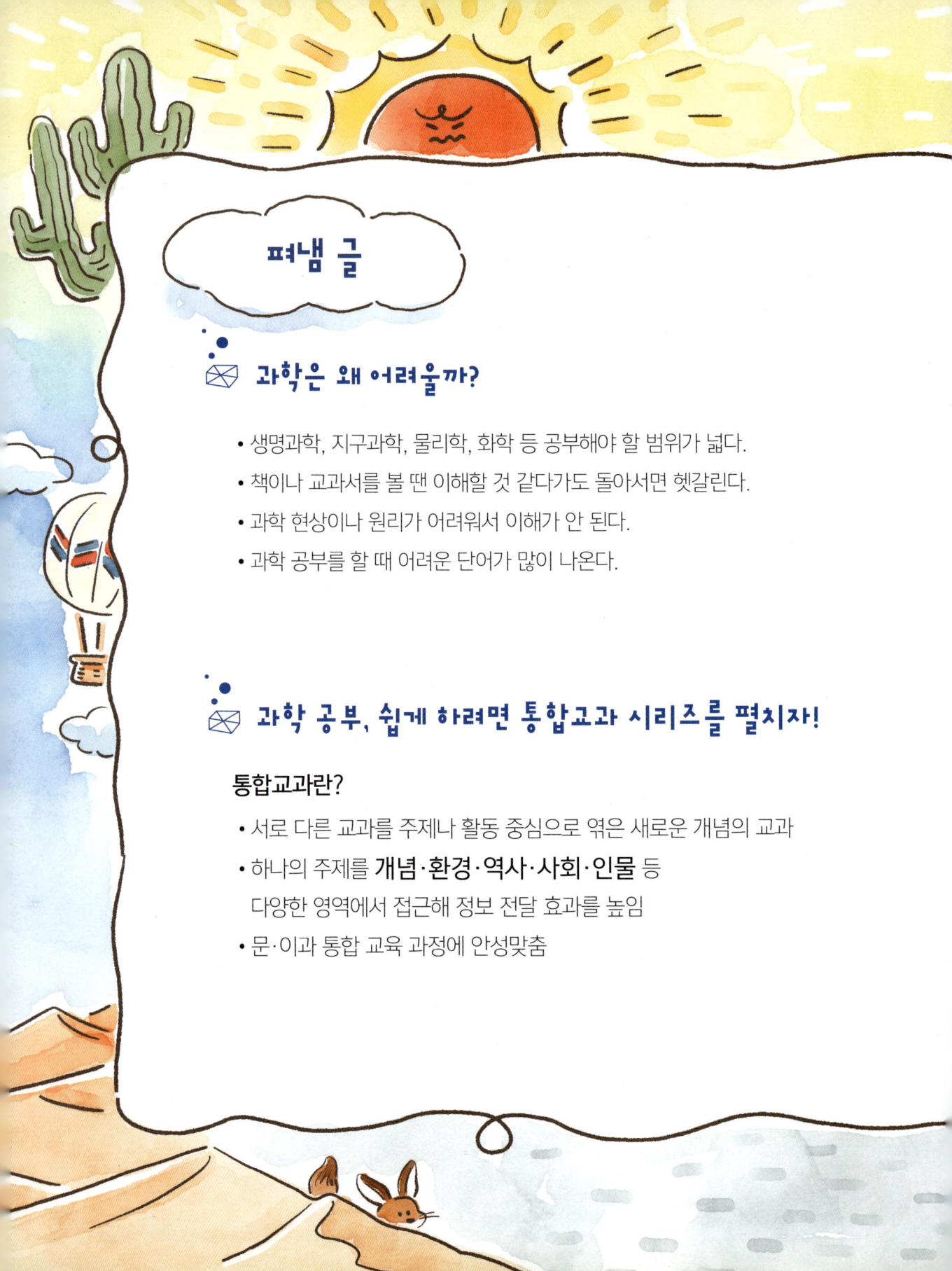

펴냄 글

✉ 과학은 왜 어려울까?

- 생명과학, 지구과학, 물리학, 화학 등 공부해야 할 범위가 넓다.
- 책이나 교과서를 볼 땐 이해할 것 같다가도 돌아서면 헷갈린다.
- 과학 현상이나 원리가 어려워서 이해가 안 된다.
- 과학 공부를 할 때 어려운 단어가 많이 나온다.

✉ 과학 공부, 쉽게 하려면 통합교과 시리즈를 펼치자!

통합교과란?
- 서로 다른 교과를 주제나 활동 중심으로 엮은 새로운 개념의 교과
- 하나의 주제를 **개념·환경·역사·사회·인물** 등 다양한 영역에서 접근해 정보 전달 효과를 높임
- 문·이과 통합 교육 과정에 안성맞춤

이런 학생들에게 통합교과 시리즈를 추천합니다!

과학 교과를 처음 배우는 초등학교 **3학년**

과학이 지겹고 어렵게 느껴지는 **4학년**

인물
관련 분야에서 활동한 인물을 통해 내가 할 수 있는 일 찾기

개념
개념을 알아야 주제가 보인다! 개념 완벽 정리!

통합교과 시리즈

환경
주제와 관련된 환경 문제를 알아보고 해결 방안 탐색

사회
우리 사회를 둘러보고 관련 정보 이해하기

역사
과거부터 현재까지, 관련 분야의 역사 지식이 머릿속에 쏙!

차례

1화
어린 왕자를 만나다!
개념 지구의 기후가 변하고 있다! 10

- 16 하루하루 날씨가 모이면 기후
- 17 기후를 이루는 요소와 구분
- 20 빙하기에서 간빙기로, 서서히 변해 온 기후
- 22 산업 혁명 이후 기후에 무슨 일이?
- 24 기후 변화에서 기후 위기, 기후 재앙으로
- 26 기후 위기 시대, '슈퍼 엘니뇨'가 나타났다
- 30 한 걸음 더 우리는 인류세에 살고 있다!

2화
불 때문에 난리, 물 때문에 법석
환경 자연재해로 휘청거리는 지구촌 32

- 38 불타오르는 지구촌, 꺼지지 않는 산불
- 40 기후 위기 피해가 가장 심각한 곳
- 42 시리아 내전과 난민을 불러온 기후 위기
- 43 차오르는 해수면, 고향을 떠나는 사람들
- 45 기후 위기로 신종 바이러스가 활개 친다고?
- 48 한 걸음 더 5번의 대멸종, 인간도 언젠가?

3화
지구의 기온이 점점 높아진다고?
역사 과학으로 증명된 기후 위기 50

- 56 온실가스가 없었다면 지구는 냉동실
- 58 이산화 탄소 농도를 처음 측정한 킬링 박사
- 59 기후 위기를 막기 위한 전 세계의 약속
- 61 아직도 기후 변화가 '거짓'이라고?
- 64 한 걸음 더 이산화 탄소 배출량, 어떤 나라가 가장 많을까?

4화
내 장미가 제일 소중해 사회 위기를 기회로, 지금 즉시 행동을! 66
- 72 기후 위기 막겠다 – 전 세계의 잇따른 선언
- 74 미래를 위한 선택, 친환경 에너지
- 76 자동차와 에어컨을 포기할 수 있을까?
- 77 이산화 탄소 배출량을 1톤으로 줄이기
- 79 사막화와 가뭄, 나와 무슨 관계?
- 82 한 걸음 더 호랑이는 가죽을, 탄소는 발자국을!

5화
어린 왕자야, 안녕! 인물 기후 위기를 막기 위해 노력하는 양심들 84
- 90 세계를 움직인 용감한 소녀, 그레타 툰베리
- 92 유명 배우도 한목소리 "지금이 행동할 때"
- 93 기후 위기를 늦추는 데 적극 나선 정치인
- 94 투쟁하는 미국 항공 우주국 기후학자
- 95 거리로 나온 청소년들, 기후 위기 선언
- 98 한 걸음 더 23억 명의 어린이를 위협하는 기후 위기

100 워크북
110 정답 및 해설
112 찾아보기

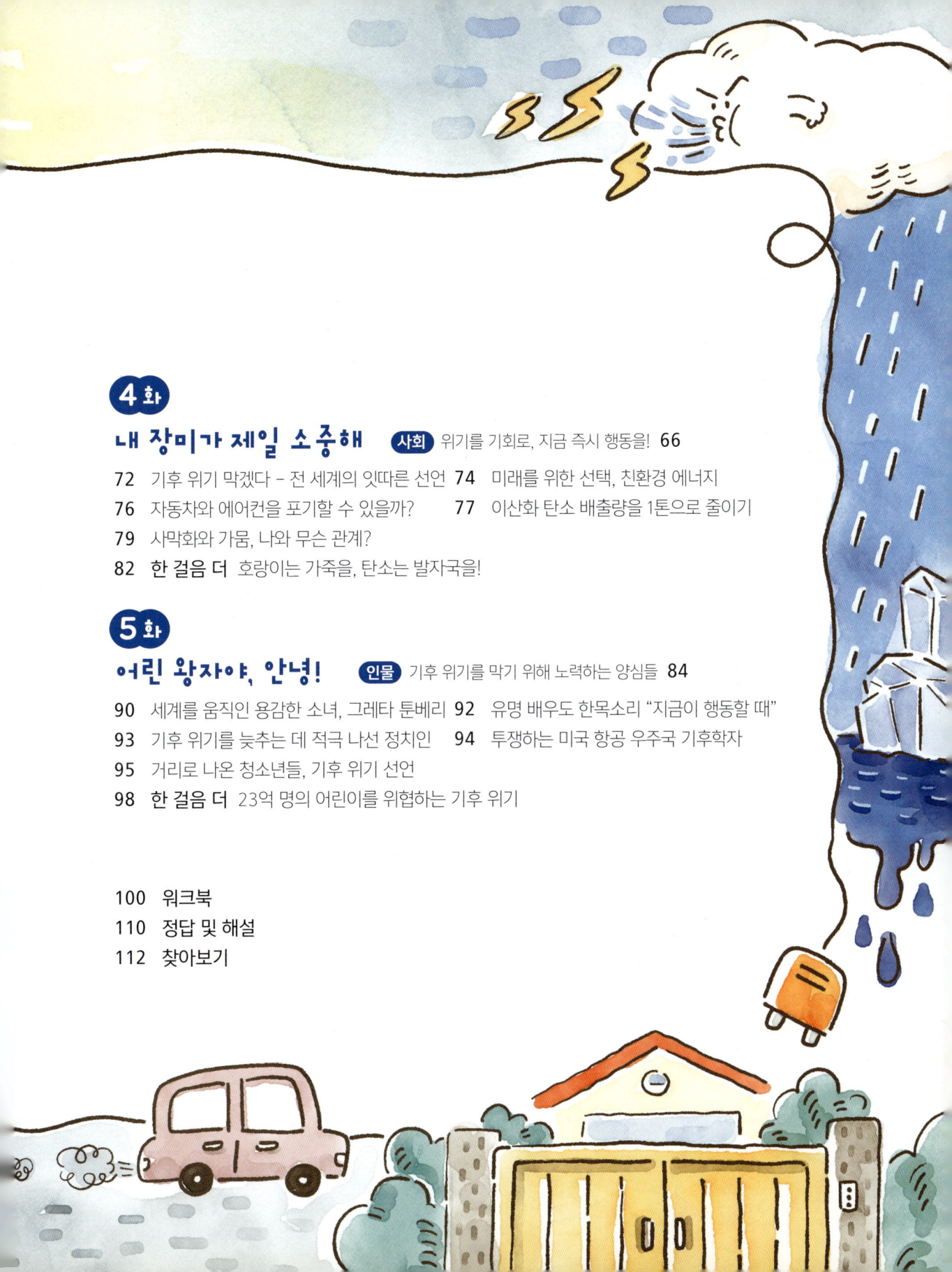

등장인물

아인

외동딸. 부모님의 사랑을 듬뿍 받는
초등학교 5학년.
잠이 많아 아침에 늦게 일어나서 부모님이
학교에 데려다주는 날이 많으며,
급식에 맛없는 반찬이 나오면 종종 남겨요.
스마트폰으로 유튜브 보거나 게임할 때가
가장 행복한데, 우연히 어린 왕자를 만나
함께 여행하면서 지구의 소중함을 깨닫게 돼요.

어린 왕자

아인이가 읽던 책 《어린 왕자》의 주인공.
소행성 B612에서 장미와 함께 살다가
혼자 우주여행을 하던 중 지구에 왔어요.
아인이와 같이 여행하면서 기후 위기로 고통받는
지구를 보면서 자신이 살던 소행성과 장미가
얼마나 소중한 존재인지 깨달아요.

- 하루하루 날씨가 모이면 기후
- 기후를 이루는 요소와 구분
- 빙하기에서 간빙기로, 서서히 변해 온 기후
- 산업 혁명 이후 기후에 무슨 일이?
- 기후 변화에서 기후 위기, 기후 재앙으로
- 기후 위기 시대, '슈퍼 엘니뇨'가 나타났다

한눈에 쏙 지구의 기후가 변하고 있다!
한 걸음 더 우리는 인류세에 살고 있다!

하루하루 날씨가 모이면 기후

아침에 일어나서 학교 가기 전에 꼭 확인하는 것, 매일 뉴스 시간에 빠지지 않고 나오는 것, 여행이나 체험 학습 가기 전에 꼭 알아보는 것……. 이것은 무엇일까요? 바로 '날씨'예요.

날씨와 기후

어제는 맑았는데 오늘은 흐리고 갑자기 비바람이 불어요. 또 아침과 낮의 기온 차이가 10도 이상 나기도 하지요. 이렇게 하루 또는 오전과 오후, 낮과 밤 등 짧은 기간 사이에 나타나는 비·구름·바람·눈·기온·강수량의 상태를 '날씨'라고 해요. 날씨는 순간순간 변화무쌍하지요. 우리가 매일 듣는 일기 예보가 바로 날씨를 알려 줘요. 날씨, 일기, 기상은 모두 같은 말이지요.

그렇다면 '기후'는 날씨와 어떻게 다를까요? 기후는 어떤 지역에서 오랜 기간 동안 날씨 변화를 관찰하여 평균을 낸 것이에요. 즉 한 지역의 평균 기상 상태를 기후라고 하지요. 하루하루의 날씨가 모이면 기후가 된답니다. 날씨의 평균인 기후는 짧은 시간에 변하지 않아요.

기후를 이루는 요소와 구분

우리는 날씨에 관심이 많아요. 그렇지만 우리나라 기후에 대해서는 대부분 잘 모르거나 '사계절이 뚜렷한 온대 기후' 정도로만 알고 있지요. 기상청 홈페이지에서는 우리나라 기후를 이렇게 설명해요.

> 우리나라는 지리적으로 중위도 온대성 기후대에 위치하여 봄, 여름, 가을, 겨울의 사계절이 뚜렷하게 나타난다. 겨울에는 한랭 건조한 대륙성 고기압의 영향을 받아 춥고 건조하며, 여름에는 고온 다습한 북태평양 고기압의 영향으로 무더운 날씨를 보이고, 봄과 가을에는 이동성 고기압의 영향으로 맑고 건조한 날이 많다.

또한 지역별 평균 기온·강수량·바람의 속도(풍속)·습도까지 잘 나와 있어서, 오랜 기간 우리나라에서 나타난 기후를 한눈에 알 수 있어요.

기후의 요소

세계 기상 기구(WMO)는 최근 30년간 나타난 날씨의 평균을 기후의 기준으로 정하고 있어요. 날씨처럼 빠르지는 않지만, 기후도 서서히 변하기 때문에 10년 주기로 정보를 업데이트한답니다.

그렇다면 기후를 이루는 요소는 무엇일까요? 날씨와 마찬가지로 기

온과 습도, 비, 구름, 바람 등이 기후의 요소랍니다. 오랜 기간 평균적으로 나타난 기온과 습도, 강수량, 풍향, 풍속 등이 바로 그 지역을 대표하는 기후가 되는 거죠.

지구에 날씨와 기후가 존재할 수 있는 근본적인 에너지는 바로 태양이에요. 태양 에너지에 의해 물이 증발하면 수증기가 되어 하늘로 올라가요. 하늘 높이 올라갈수록 온도가 낮아져서 수증기는 물방울이 되어 구름을 만들지요. 그리고 구름에서 비와 눈이 내려요. 또한 햇빛에 의해 땅과 바다가 가열되는 정도가 달라져, 온도와 기압의 차이가 생기고 바람이 불어요. 우리 눈에 보이는 다채로운 날씨는 물과 공기의 순환에 의해 만들어지며, 날씨가 모여서 기후가 된답니다.

쾨펜의 기후 구분

지구의 기후는 매우 복잡하고 다양해요. 1918년 독일의 기후학자 쾨펜은 '기온'과 '강수량'이라는 두 가지 요소를 이용해 기후를 단순하고 명확하게 구분했지요. 그는 먼저 평균 기온에 따라 지구의 기후를 '열대·건조·온대·냉대·한대', 이렇게 5개로 나눴어요. 여기에 1년 내내 비가 많이 오는지, 여름이나 겨울이 건조한지 등 계절에 따른 강수량으로 더 세밀하게 분류했지요.

쾨펜은 세계의 기후를 단순한 기호로 나타내는 데

● 열대 기후　● 냉대 기후
● 건조 기후　● 한대 기후
● 온대 기후

성공했지만 한계도 있었어요. 기온과 강수량만으로 구분하기에는 지구의 기후가 훨씬 더 복잡했기 때문이지요. 예를 들어 고도가 높은 산지는 위도로 봤을 때는 열대 기후 지역에 속하는데도 온대 기후가 나타나기도 해요.

쾨펜의 기후 구분만으로 부족하다고 느낀 기후학자들은 고도가 높은 산지에서 나타나는 '고산 기후'를 따로 만들었어요. 온대 고산 기후 지역에는 로키산맥과 히말라야산맥·알프스산맥·티베트고원이 포함되고, 열대 고산 기후 지역에는 안데스산맥과 멕시코고원이 속한답니다.

기온에 따른 기후 구분 TIP

- ◆ 열대 기후 : 최한월(가장 추운 달) 평균 기온이 18도 이상인 기후
- ◆ 건조 기후 : 연 강수량이 500밀리미터 이하로 건조하여 나무가 자라지 않는 기후
- ◆ 온대 기후 : 최한월 평균 기온이 영하 3도 이상 18도 미만인 기후
- ◆ 냉대 기후 : 최한월 평균 기온이 영하 3도 미만, 최난월(가장 따뜻한 달) 평균 기온이 10도 이상인 기후
- ◆ 한대 기후 : 최난월 평균 기온이 10도 미만이어서 나무가 자라지 않는 기후

 ## 빙하기에서 간빙기로, 서서히 변해 온 기후

'빙하기'라는 말을 들어 본 적 있나요? 날씨에 비해 기후는 잘 변하지 않지만, 그렇다고 항상 똑같지도 않아요. 지구에 들어오는 태양 에너지의 양이 아주 천천히 줄었다 늘었다 하기 때문이지요. 그 결과 추운 시기와 따뜻한 시기가 주기적으로 찾아왔어요.

빙하기와 간빙기

빙하기(빙기)는 지구 기온이 크게 떨어져 우리나라 같은 온대 지역까지 얼음으로 뒤덮였던 시기를 말해요. 유럽과 아시아, 북아메리카가 수 킬로미터 두께의 빙하로 뒤덮였어요. 얼음 면적이 지구 전체 면적의 4분의 1이나 됐죠. 한반도 역시 서해와 남해가 얼음으로 덮여 중국, 일본과 하나로 연결되었어요. 아래 그림을 보면 지금과 해안선의 모양이 많이 다르죠?

그런데 계속 춥기만 했다면 지구에 수많은 생명이 존재할 수 없었을 거예요. 다행히 빙하기와 빙하기 사이에 따뜻한 시기가 찾아왔지요. 바로 '간빙기'예요. 간빙기에는 적도와 중위도의 얼음이 빠르게 녹으면서 해

🟩 현재의 육지
🟨 현재는 바다이지만 마지막 빙하기 때는 육지

수면이 높아졌어요. 남극과 북극 같은 고위도 지역에만 얼음이 존재했지요.

수만 년 주기로 바뀌는 자연적인 기후 변화

그렇다면 지금은 빙하기일까요? 간빙기일까요? 겨울만 빼면 그리 춥지 않고, 주로 극지에 많은 얼음이 있으니 간빙기라는 것을 알 수 있어요. 마지막 빙하기는 약 1만 년 전에 끝났고 지금은 계속 간빙기랍니다.

여러 번의 빙하기와 간빙기를 거치는 동안 수많은 생물이 멸종하고 새로운 종이 나타났어요. 마지막 빙하기가 끝나고 간빙기에 접어들면서 인류는 농사를 지으며 한곳에 머물러 살기 시작했어요.

과거 지구의 기후 변화는 자연적으로 일어났어요. 빙하기에서 간빙기로 넘어가는 데 걸린 시간은 수만 년 주기로 길었지요. 과학자들은 이런 자연적인 기후 변화를 '기후 변동'이라고 불러요.

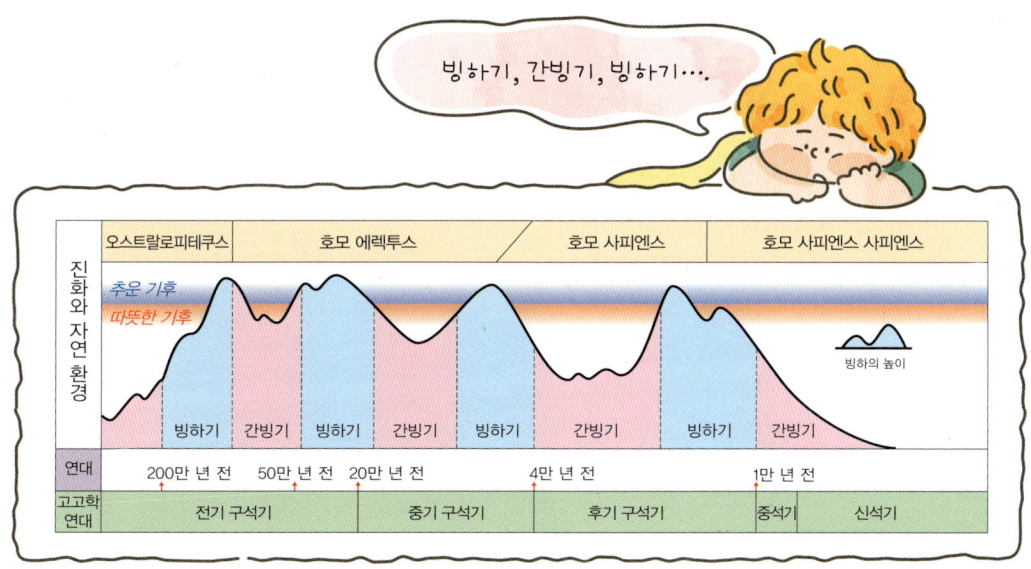

산업 혁명 이후 기후에 무슨 일이?

자연적인 기후 변화는 수만 년 주기로 일어나기 때문에 사람이 평생을 살아도 그 변화를 알아채는 건 불가능해요. 하지만 최근에는 달라졌어요. 기후가 심상치 않다는 것을 피부로 느낄 때가 많지요. 기후에 인간이 끼어들면서 엄청난 변화가 일어났기 때문이에요.

시작은 1760년대 이후, 그러니까 18세기 후반 영국에서 처음으로 일어난 '산업 혁명'이었어요. 산업 혁명은 기계의 발명과 기술의 변화, 그리고 이에 따른 사회 경제적 변화를 뜻해요. 산업 혁명 이후 어떤 일이 벌어졌을까요?

편리해진 삶과 환경 파괴

산업 혁명 때 증기 기관이 발명되면서 공장에서 많은 물건을 생산하고 먼 거리까지 운송할 수 있게 되었어요. 삶은 더없이 편리해졌지만 동시에 환경도 파괴되기 시작했지요. 가장 큰 변화는 온실가스가 폭발적으로 늘었다는 점이에요. 석탄이나 석유 같은 화석 연료를 많이 태우면서 많은 양의 이산화 탄소가 뿜어져 나왔지요. 이산화 탄소는 지구의 기온을 높이는 대표적인 온실가스예요.

먼 옛날 빙하기와 간빙기를 반복하는 동안에도 대기 속 이산화 탄소 농도는 200에서 250피피엠(ppm)을 오르내리는 수준이었어요. 피피엠은 100만분의 1을 나타내는 농도의 단위예요. 즉 공기 알갱이 100만 개 가운데 이산화 탄소가 200~250개라는 뜻이지요. 이산화 탄소 농도가 높을 때는 따뜻한 간빙기, 낮을 때는 추운 빙하기였어요. 산업 혁명 이전 지구의 이산화 탄소 농도는 약 280피피엠이었어요.

무서운 속도로 늘어난 이산화 탄소

하지만 산업 혁명 이후 화석 연료를 많이 사용하면서 이산화 탄소 배출량이 무서운 속도로 늘어났어요. 그러다 2015년에는 전 지구의 평균 이산화 탄소 농도가 처음으로 400피피엠을 넘어섰지요. 이후로도 이산화 탄소 농도는 해마다 2피피엠 넘게 계속 늘어나고 있으며 2020년에는 413피피엠으로, 산업 혁명 이전과 비교하면 50퍼센트 가까이 증가했어요. 이렇게 짧은 시간 동안 이산화 탄소 농도가 폭발적으로 증가한 것은 지구 역사상 처음 있는 일이에요.

산업 혁명 이후 약 260년이라는 짧은 기간 동안 인류는 지구의 기후를 송두리째 바꿔 버렸어요. 온실가스인 이산화 탄소 농도가 높아지면서 지구는 뜨거워지기 시작했고, 기후 위기의 속도도 빨라졌답니다.

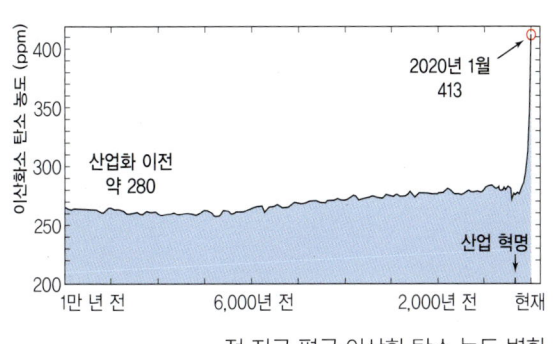

전 지구 평균 이산화 탄소 농도 변화

기후 변화에서 기후 위기, 기후 재앙으로

14세기 무렵 소빙하기가 시작되어 수백 년 동안 계속됐어요. 지금은 얼지 않는 영국의 템스강이 당시엔 겨울마다 꽁꽁 얼어붙었대요. 무시무시한 추위를 겪은 사람들은 지구 온난화가 축복이라고 믿었지요. 날씨가 따뜻해지면 더 많은 식량을 생산할 수 있고, 추위와 굶주림에 시달리지 않을 거라고 여겼답니다.

온실 효과와 온실가스

약 200년 전 프랑스 수학자 조제프 푸리에는 지구의 공기층이 태양에너지를 흡수해 이불을 덮은 것처럼 기온을 높인다고 주장했어요. 그는 공기가 온실의 유리 역할을 해서 지구를 따스하게 한다며, 처음으로 '온실 효과'를 설명했지요.

지구의 위성인 달에는 공기가 거의 없어 하루에도 기온이 최고 130도에서 영하 170도까지 요동쳐요. 이불 역할을 하는 공기가 없다 보니 낮과 밤의 기온이 시소를 타듯 극과 극을 오르내리는 것이죠. 1895년 스웨덴의 화학자였던 스반테 아레니우스는 온실 효과를 구체적으로 증명한 논문을 발표했어요. 그는 특히 이산화 탄소가 지표면에서 나오는 열을 흡수해 지구를 따뜻하게 해 준다면서 '온실가스'라고 적었지요. 온실가스로서 이산화 탄소의 존재가

세상에 처음 알려졌어요.

아레니우스는 온실가스에 따른 온실 효과를 예견했지만, 지구 온난화 속도가 이렇게 빠를 거라고는 생각하지 못했어요. 그는 이산화 탄소 때문에 기온이 상승하려면 적어도 1,000년은 걸릴 거라고 믿었거든요.

날로 더워지는 지구

산업 혁명 초기에는 공기 속으로 뿜어져 나온 많은 양의 먼지가 햇빛을 가리면서 오히려 기온이 떨어졌어요. 그러나 1900년대가 지나자 상황은 달라졌지요. 이산화 탄소를 포함한 온실가스의 양이 폭발적으로 늘자 지구가 계속해서 더워지기 시작했거든요.

2010년대 들어서는 해마다 지구의 평균 기온이 역대 최고를 기록하는 일이 반복되었어요. 2020년 지구의 평균 기온은 1850~1900년 산업화 이전 수준보다 1.2도 높아졌는데, 기후학자들은 이 수치가 1.5도를 넘어가면 지구가 결딴난다고 해요.

빙하기와 간빙기가 아주 오랜 시간 자연적으로 반복돼 온 것과 달리 인간에 의한 기후 변화는 그 속도가 어마어마하게 빨라요. 변화의 속도를 따라가지 못한 수많은 생물은 결국 멸종될 수밖에 없어요. 우리 인류도 예외는 아닐 거예요. 이제는 기후 변화라는 말 대신 기후 위기, 기후 재앙이라는 말이 더 와닿는 시대가 됐답니다.

기후 위기 시대, '슈퍼 엘니뇨'가 나타났다

산업 혁명이 일어나기 전에도 기상 이변은 존재했어요. 특히 태평양 주변 지역 사람들은 가뭄과 폭우, 산불을 몰고 오는 엘니뇨와 라니냐를 두려워했지요. 엘니뇨와 라니냐가 무엇일까요?

엘니뇨와 라니냐

엘니뇨와 라니냐는 적도 부근 동태평양의 바닷물 온도가 변하면서 나타나는 현상이에요. '엘니뇨'는 페루 부근 동태평양의 바닷물 온도가 평소보다 높게 지속되는 현상을 말해요. 엘니뇨라는 말은 에스파냐어로 '아기 예수' 또는 '남자아이'란 뜻으로 보통 크리스마스 전후에 나타나기 때문에 붙여진 이름이지요. 엘니뇨가 나타나면 북아메리카와 남아메리카엔 폭우와 홍수·폭염이, 동남아시아와 인도·오스트레일리아엔 가뭄이 일어나요.

반대로 '라니냐'는 페루 부근 동태평양의 바닷물 온도가 평소보다 낮게 지속되는 현상으로, 에스파냐어로 '여자아이'를 뜻해요. 라니냐가 나타나면 엘니뇨 때와 달리 동남아시아에서는 홍수, 남아메리카에서는 가뭄이 발생하고, 미국에는 극지방 같은 추위가 찾아오기도 한답니다.

엘니뇨와 라니냐의 영향을 많이 받던 남아메리카에서는 지금도 고대 유적지에서

제물로 희생된 유골이 발견되곤 해요. 엘니뇨와 라니냐가 불러온 기상 이변이 신의 노여움 때문이라 믿고, 사람을 제물로 바친 거죠. 하지만 이들의 희생에도 불구하고 수많은 고대 문명이 홍수와 가뭄으로 사라졌답니다.

엘니뇨로 더 뜨거워지는 지구

엘니뇨와 라니냐는 갑자기 툭 튀어나온 현상이 아니라 아주 오래전부터 존재했고, 보통 2~7년 주기로 발생했어요. 과학자들은 엘니뇨와 라니냐가 지구 열 순환의 균형  을 되찾아 주는 자연 현상이라고 하지요. 적도 바다의 어느 한쪽에 열이 너무 많이 쌓이면, 바람과 해류의 순환이 바뀌면서 열을 골고루 퍼져 나가게 하는 거예요.

엘니뇨 시기에는 따뜻한 바닷물이 퍼져 나가며 지구 기온이 전반적으로 올라가는 현상이 나타납니다. 그런데 최근 급격한 기후 변화로 인해 엘니뇨의 영향력이 예전보다 강해졌다고 해요. 이미 뜨거운 지구가 엘니뇨 때문에 더 뜨거워지는 악순환이 반복되는 거지요. 기후 위기 시대의 엘니뇨는 '슈퍼 엘니뇨'라고 불리며 더 심각한 재해를 몰고 옵니  다. 실제로 슈퍼 엘니뇨가 찾아왔던 2016년에는 전 지구의 평균 기온이 관측 이후 가장 높았고, 폭염과 가뭄·산불 같은 재해가 끊이지 않았어요.

지구의 기후가 변하고 있다!

날씨와 기후
- 날씨 : 하루 또는 오전과 오후, 낮과 밤 등 짧은 기간 사이에 나타나는 비·구름·바람·눈·기온·강수량의 상태. 순간순간 변화무쌍함
- 기후 : 어떤 지역에서 오랜 기간 동안 날씨 변화를 관찰하여 평균을 낸 것으로, 하루하루의 날씨가 모여 이루어짐. 짧은 시간에 변하지 않음

기후의 요소와 구분
- 기후의 요소 : 오랜 기간 평균적으로 나타난 기온·습도·강수량·풍향·풍속
- 쾨펜의 기후 구분 : 1918년 독일의 기후학자 쾨펜은 기온과 강수량으로 기후를 구분함 ⋯▶ 평균 기온에 따라 열대·건조·온대·냉대·한대로 나눔 ⋯▶ 나중에 다른 기후학자들이 고도가 높은 산지에서 나타나는 고산 기후를 따로 만듦

인간이 일으킨 기후 변화
- 인간이 일으킨 기후 변화의 시작은 1760년대 이후 영국에서 처음 일어난 산업 혁명임 ⋯▶ 산업 혁명 이후 화석 연료를 많이 사용하면서 이산화 탄소 배출량이 무서운 속도로 늘어남 ⋯▶ 2015년에 이산화 탄소의 농도가 처음으로 400피피엠을 넘어섬

온실 효과와 온실가스

- 온실 효과 : 프랑스 수학자 조제프 푸리에가 처음 설명함. 공기가 온실의 유리 역할을 해서 지구를 따뜻하게 하는 현상
- 온실가스 : 스웨덴의 화학자 스반테 아레니우스는 이산화 탄소가 지표면에서 나오는 열을 흡수해 지구를 따뜻하게 해 준다면서 '온실가스'라는 단어를 사용함. 온실가스로서 이산화 탄소의 존재를 세상에 처음 알림
- 1900년대 이후 지구의 평균 기온이 높아지고 있음. 2020년 지구의 평균 기온은 1850~1900년 산업화 이전 수준보다 1.2도 높아짐

엘니뇨와 라니냐

- 엘니뇨 : 적도 부근 동태평양의 바닷물 온도가 평소보다 높게 지속되는 현상 … 북아메리카와 남아메리카엔 폭우와 홍수·폭염, 동남아시아와 인도·오스트레일리아엔 가뭄이 발생함. … 급격한 기후 변화에 의해 영향력이 더 강해진 슈퍼 엘니뇨가 심각한 재해를 몰고 옴
- 라니냐 : 적도 부근 동태평양의 바닷물 온도가 평소보다 낮게 지속되는 현상. 엘니뇨와 반대 현상이 일어남

우리는 인류세에 살고 있다!

지구가 형성된 뒤부터 현재까지 지구의 역사를 '지질 시대'라고 해요. 지질 시대는 오래된 것부터 선캄브리아대, 고생대, 중생대, 신생대로 구분하지요. 지금 우리가 살고 있는 지질 시대는 신생대예요. 조금 더 자세히 나누면 신생대 제4기로, 약 1만 년 전 마지막 빙하기인 '플라이스토세'가 끝난 뒤 지금은 간빙기인 '홀로세'랍니다. 기후가 따뜻한 홀로세에 들어서면서 인류는 농사를 짓게 됐으며, 인구가 늘어나고 문명도 탄생했어요.

인류가 만든 최초의 지질 시대

그런데 최근 '인류세'라는 말이 종종 들려와요. 이 말은 2000년에 네덜란드 화학자인 파울 크뤼천이 한 국제회의에서 "우리는 이제 홀로세가 아니라 인류세에 살고 있습니다."라고 발언하면서 널리 퍼져 나갔지요.

인류세는 '인류가 만든 지질 시대'라는 의미를 담고 있어요. '세'는 지질 시대를 나눌 때 쓰는 시대 단위예요. 지구상에서 일어난 아주 큰 변화를 기준으로 지질 시대를 나누는데, 쥐라기·백악기에서의 '기' 아래 단위가 '세'이죠. '기'의 아래 단위라도, 지구상에 엄청난 변화가 있을 때만 '세'가 나눠져요. 그런데 그 변화가 현재 일어나고 있으며, 인류가 스스로 만들었기 때문에 이를 인류세라 부르자고 크뤼천은 주장했죠.

인류세의 특징, 자연환경 파괴

인류세를 공식적으로 지정할지, 언제를 시작으로 할지는 아직 결정되지 않았어요. 그러나 한 가지 분명한 것은 인류세가 홀로세처럼 인간에게 호의적이지는 않을 거라는 점이에요. 흔히 인류세는 산업 혁명과 기후 변화, 플라스틱, 대멸종 등으로 묘사돼죠. 인류세의 가장 큰 특징은 인류에 의한 자연환경 파괴예요.

엄청난 양의 온실가스로 인해 지구 기온은 과거에 경험해 보지 못한 수준으로 치솟고, 극단적인 기상 현상이 잦아졌어요. 환경은 파괴되고 수많은 식물과 동물이 사라졌어요. 인간은 이런 상황에 적응하고 살아남을 수 있을까요? 인간의 역사를 하루라고 치면, 인류는 밤 12시를 10분 정도 남겨 놓고 수렵과 채집 활동을 시작했어요. 남은 10분 동안 농경과 산업 사회로 진입해 문명이 발달한 것이지요. 그런데 그 10분 동안 지구 생명체의 0.01%에 불과한 인간이 야생 포유류의 83%와 식물의 절반을 없애 버렸어요.

인간의 끝없는 욕망이 지구를 돌이킬 수 없는 상태로 만든 게 아닐까요? 인류가 만든 최초의 지질 시대인 인류세가 어떤 모습으로 후손들에게 기억될지는 지금 우리 손에 달렸어요.

- 불타오르는 지구촌, 꺼지지 않는 산불
- 기후 위기 피해가 가장 심각한 곳
- 시리아 내전과 난민을 불러온 기후 위기
- 차오르는 해수면, 고향을 떠나는 사람들
- 기후 위기로 신종 바이러스가 활개 친다고?

한눈에 쏙 자연재해로 휘청거리는 지구촌
한 걸음 더 5번의 대멸종, 인간도 언젠가?

불타오르는 지구촌, 꺼지지 않는 산불

 기후 위기가 심각해지면서 매년 되풀이되는 재해가 있어요. 바로 산불이지요. 2019년 9월부터 2020년 2월까지 오스트레일리아에서는 사상 최대 규모의 산불이 계속됐어요. 거의 반년 가까이 불씨가 꺼지지 않았고, 한반도와 맞먹는 면적이 잿더미로 변했지요. 소방관을 비롯해 캥거루나 코알라 같은 야생 동물도 많이 희생됐답니다.

 추위와 눈 때문에 산불이 잘 나지 않을 것 같은 러시아의 시베리아도 산불로 몸살을 앓았어요. 2019년에 이어 2020년에도 수백 건의 산불이 발생해 침엽수림이 많이 사라졌지요. 또 미국에서도 캘리포니아를 중심으로 해마다 최악의 산불이 계속되면서 엄청난 양의 연기와 온실가스가 공기 속으로 쏟아져 나옵니다.

산불의 원인은 기후 위기

 지구촌 곳곳에서 왜 산불이 자주 발생하는 걸까요? 공통적으로 기후 위기를 원인으로 꼽아요. 기후 위기로 잦아진 폭염과 건조한 날씨가 산불을 몰고 오는 불쏘시개 역할을 한다는 거죠.

 기후학자들은 오스트레일리아에서 해마다 강수량이 줄어들면서 산불 발생 위험이 높아진다고 경고해 왔어요. 땅의 수분이 줄고 풀과 나무도 바싹 말라 버려 불붙기 좋은 상태가 됐죠.

또 추워야 할 북극권에서는 폭염이 말썽이에요. 시베리아 북동부 도시 베르호얀스크에서는 2020년 들어 고온 현상이 계속되다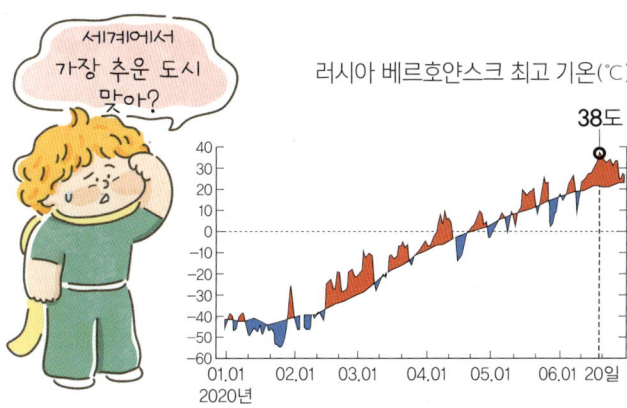

가 6월 20일에는 최고 기온이 38도까지 치솟았어요. 기상 관측을 시작한 이래 가장 높았는데, 과거 30년간의 평년값과 비교하면 기온이 20도 가까이 오른 것이에요. 기록적인 폭염으로 땅을 덮고 있던 두꺼운 얼음이 모두 사라지면서 시베리아에서 산불이 빠르게 퍼져 나갔어요.

미국에서도 산불이 발생하기 직전 유례없는 폭염이 기승을 부렸어요. 캘리포니아주에 위치한 데스밸리 국립 공원의 최고 기온이 2020년 8월 16일 54.4도까지 올라간 거예요. 평소에도 덥고 건조한 사막 지역이지만 50도를 넘는 일은 드물었어요. 107년 만에 찾아온 가장 더운 날씨 속에 산불이 활활 번져 나갔지요.

과학자들은 지구 온난화가 산불이 발생하기 좋은, 극단적인 날씨를 몰고 온다고 말해요. 게다가 산불이 또다시 온난화를 부추기는 악순환이 반복되지요. 오스트레일리아와 러시아, 미국에서 산불로 배출된 온실가스는 수천만 톤에 이르러요. 이는 스위스나 노르웨이가 1년간 배출하는 온실가스 양과 맞먹을 정도랍니다.

기후 위기 피해가 가장 심각한 곳

기후 위기가 남의 일처럼 느껴지겠지만, 정작 그 피해가 가장 심각한 곳은 바로 우리나라예요. 바다와 육지의 영향을 동시에 받기 때문에 기온 상승에 따른 피해가 나날이 커져 가고 있어요.

가장 길고 혹독한 폭염

최근 우리나라에는 기록적인 기상 이변이 잇따랐습니다. 먼저 2018년 여름에는 한 달 넘게 폭염이 이어지면서 열사병이나 일사병으로 많은 사람이 목숨을 잃었어요. 원인은 중국 대륙에서 밀려온 뜨겁고 건조한 공기 덩어리였지요.

우리나라는 여름철엔 일본 남쪽 바다에서 발달한 북태평양 고기압의 영향을 주로 받아요. 장마가 끝나고 7월 말부터 8월까지 이어지는 찜통더위를 떠올리면 돼요. 그런데 2018년 여름에는 중국 대륙에서 뜨거운 고기압까지 확장해 왔어요. 비가 거의 내리지 않는 메마른 티베트고원에서 발달한 뜨겁고 건조한 공기였지요.

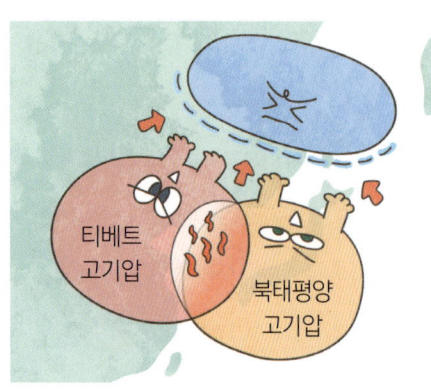

북태평양 고기압과 티베트 고기압의 영향이 겹쳐지면서 우리나라는 그야말로 뜨거운 공기 안에 갇혀 버렸어요. 이처럼 뜨거운 공기가 돔이나 뚜껑 형태로 땅을 감싸는 현상을 '열돔 현상'이라고 해요.

태풍과 장마와의 싸움

2019년 여름엔 폭염은 주춤했지만 태풍이 기승을 부렸어요. 많은 태풍이 북상했거든요. 북서 태평양에서 주로 7~9월에 발생하는 태풍은 세찬 바람과 함께 큰비를 내리는 강한 열대 저기압이에요. 적도 부근은 극지방보다 태양열을 더 많이 받기 때문에 열적 불균형이 생기는데, 태풍은 이 불균형을 없애기 위해 저위도 지방의 따뜻한 공기가 고위도로 이동하는 기상 현상이지요.

기상청 통계에 따르면 1980년대 이후 북서 태평양에서는 매년 평균 25개 안팎의 태풍이 발생했어요. 반면에 2019년에는 그보다 많은 29개의 태풍이 만들어졌지요. 이는 31개의 태풍이 발생한 2013년 이후 가장 많은 숫자였어요. 더욱이 2019년에는 29개의 태풍 가운데 7개의 태풍이 우리나라에 영향을 줘, 1959년과 공동으로 가장 많았답니다.

여기서 끝이 아니에요. 2020년엔 끝이 보이지 않는 장마와도 싸웠어요. 보통 장마는 한 달 남짓 이어지는데, 그해엔 중부 지방에서 54일이나 계속됐어요. 장마 전선이 물러가지 않고, 한 시간에 100밀리미터가 넘는 장대비를 퍼부었답니다. 홍수와 물난리, 산사태까지 더해지며 수많은 사람이 삶의 터전을 잃었어요. 게다가 길었던 장마가 끝나기가 무섭게 태풍 3개가 연달아 찾아와 피해는 눈덩이처럼 불어났지요.

비가 왜 계속 오지?

시리아 내전과 난민을 불러온 기후 위기

2011년 시리아에서 내전이 일어나 수많은 사람이 목숨을 잃고 난민이 됐어요. 그런데 시리아 난민 문제의 배경에는 기후 위기가 자리 잡고 있답니다.

가뭄에서 시작된 전쟁과 난민

지중해 동부에 위치한 시리아는 과거 인류 문명이 최초로 탄생할 정도로 살기 좋은 곳이었지만 지금은 메마른 땅으로 변했어요. 2007년부터 2010년까지 기상 관측 사상 최악의 가뭄이 계속되면서 농사 자체가 불가능해졌거든요. 농민들은 고향을 떠나 도시로 몰려들었고, 사회적 갈등이 날로 심해졌어요. 결국 내전으로 이어지면서 엄청나게 많은 난민이 발생했지요.

시리아뿐만 아니라 멕시코나 아프리카의 여러 나라도 기후 위기로 정치적 안정이 심각하게 위협받고 있어요. 부족 사이의 내전이나 전쟁이 정치적 또는 종교적 이유로 발생하는 걸로 보이지만, 그 뒷면에는 물과 식량, 생존 문제가 숨어 있답니다. 이대로 기후 위기가 심해지면 무력 분쟁이 40퍼센트나 늘어날 거라고도 해요.

앞으로 우리도 난민 문제에 대응할 때 기후 위기와 연결 지어 생각해야 하지 않을까요? 뜨거워지는 지구 때문에 누구나 환경 난민이 될 수 있답니다.

차오르는 해수면, 고향을 떠나는 사람들

해수면 상승으로 태평양 섬나라 사람들이 난민이 되었다는 뉴스를 본 적 있나요? 실제로 투발루나 몰디브에서는 해수면이 높아지면서 홍수와 해일*이 자주 일어난답니다.

투발루 사람들의 고통

투발루의 경우, 2050년엔 나라 땅 대부분이 물에 잠길 것으로 보여요. 많은 주민이 고향을 등지고 난민이 되어 흩어지고 있지요. 2014년 투발루의 총리는 국제회의에서 기후 변화로 인한 고통은 대량 살상 무기와 같다고 말했어요. 해일과 홍수로 많은 사람이 죽고 난민으로 떠돌아도, 이들을 반갑게 맞아 주는 곳이 많지 않아요.

온실가스를 거의 배출하지 않고 살아온 투발루 사람들이 왜 고통을 받을까요? 이건 누구의 책임일까요?

TIP 가라앉는 섬을 들어 올리겠다고?

키리바시는 태평양 중부의 33개 섬으로 이루어진 나라로, 전 세계에서 하루가 가장 먼저 시작되는 곳이에요. 이 나라의 가장 큰 고민은 섬들이 조금씩 가라앉는다는 것이죠. 키리바시의 섬은 산호섬인데, 온난화의 영향으로 해수면이 높아지면서 지도에서 사라질 위기에 처해 있어요. 그래서 2020년 키리바시 대통령은 "우리의 섬들을 들어 올리는 전략을 추진하겠다."라고 말했어요. 이것은 해안가 흙을 파내 둑이나 다리를 높이려는 계획이지요.

★ **해일** 갑자기 바닷물이 크게 일어 육지로 넘쳐 들어오는 것

온실가스가 지금처럼 배출될 경우 2100년 지구의 평균 바닷물 높이는 지금보다 60~98센티미터 더 상승할 것으로 보여요. 이는 서너 살 아이의 키만 한 높이죠. 해수면이 1미터 올라가면 태평양과 인도양의 섬나라는 대부분 지도에서 사라져요.

섬나라만큼은 아니지만 국토의 3면이 바다로 둘러싸인 우리나라도 예외일 수 없어요. 지난 30년간 한반도의 해수면 높이는 매년 3~4밀리미터씩 상승해 왔지요. 온난화가 이대로 진행된다면 2030년 우리나라 땅의 5퍼센트 정도가 물에 잠기고, 330만 명 이상이 직접적인 침수 피해를 입을 수 있다고 해요.

빙하가 녹고 있다

해수면 높이가 올라가는 가장 큰 원인은 빙하가 녹기 때문이에요. 남극과 그린란드에는 아주 오래전에 만들어진 거대한 대륙 빙하가 존재해요. 엄청난 양의 물을 가둬 두는 역할을 해서 소중한 수자원이기도 하지요. 그런데 1990년대부터 6조 4,000만 톤이 넘는 대륙 빙하가 사라지면서 지구의 해수면이 높아지고 있어요.

온실가스가 지금처럼 계속 배출된다면 2100년쯤 해안 지대 대부분이 물에 잠겨서 세계 지도가 바뀔지도 몰라요. 하지만 해수면 변화는 1년에 수 밀리미터 정도라서 사람들이 그 심각성을 잘 깨닫지 못하고 있어요.

기후 위기로 신종 바이러스가 활개 친다고?

코로나가 기후 위기 때문이라고?

전 세계인이 '코로나19'라는 신종 바이러스와 싸우고 있어요. 코로나19는 2019년 12월 중국 우한에서 처음 발견된 뒤 눈 깜짝할 사이에 퍼져 나갔지요. 새로운 바이러스가 갑자기 나타나 사람들을 죽음에 이르게 한 원인은 뭘까요?

기후 위기와 코로나19

첫 번째로 꼽는 원인은 기온 상승 같은 기후 위기예요. 기온이 올라가면 대부분의 박테리아(세균)나 바이러스, 곤충이 더 활발하게 활동하지요.

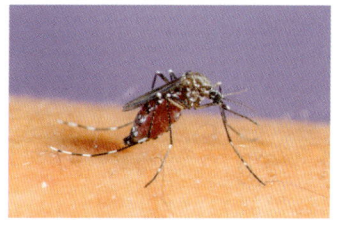

야생 동물의 서식지 파괴도 문제예요. 서식지가 급격하게 줄면서 야생 동물은 어쩔 수 없이 인간이 사는 곳 가까이 올 수밖에 없어요. 그러자 야생 동물에겐 큰 피해를 일으키지 않던 바이러스들이 인간이나 가축의 몸에 들어와 생명을 앗아 갔지요. 전 세계를 공포에 떨게 했던 사스나 메르스 등은 모두 야생 동물로부터 유래됐어요.

더 걱정스러운 점은 코로나19가 끝이 아닐 수 있다는 사실이에요. 세계 보건 기구(WHO)는 기후 위기 때문에 앞으로 감염병이 더 자주 닥칠 것이라고 경고했답니다.

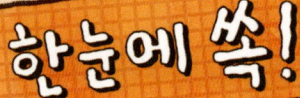

자연재해로 휘청거리는 지구촌

매년 되풀이되는 재해

- 산불 : 2019년 9월부터 2020년 2월까지 오스트레일리아에서 사상 최대 규모의 산불이 계속됨. 러시아의 시베리아와 미국 캘리포니아에서도 최악의 산불이 발생함 ⋯▶ 산불의 원인은 기후 위기. 기후 위기로 잦아진 폭염과 건조한 날씨가 산불을 몰고 오는 불쏘시개 역할을 함 ⋯▶ 산불은 또다시 온난화를 부추김. 산불로 배출된 온실가스가 수천만 톤에 이름

기후 위기의 피해가 가장 심각한 곳은 우리나라

- 2018년 여름에 한 달 넘게 폭염이 이어짐 ⋯▶ 일본 남쪽 바다에서 발달한 북태평양 고기압과 중국 대륙의 티베트 고원에서 발달한 티베트 고기압의 영향이 겹치면서 열돔 현상이 발생함
- 2019년 여름에 29개의 태풍이 발생함. 이는 2013년 31개 이후 가장 많은 개수임 ⋯▶ 우리나라에 영향을 준 태풍의 수는 7개로, 1959년과 더불어 공동으로 기록된 가장 많은 개수임
- 2020년엔 장마가 54일이나 이어짐 ⋯▶ 장마가 끝나자마자 태풍 3개가 연달아 찾아옴

시리아 내전과 난민

- 2007~2010년까지 기상 관측 사상 최악의 가뭄이 계속되면서 농사가 불가능해짐 ⋯ 농민들이 고향을 떠나 도시로 몰려들면서 사회 갈등이 심해졌고, 결국엔 내전으로 이어짐 ⋯ 사상 최대 규모의 난민 발생 ⋯ 기후 위기로 인한 환경 난민임

해수면 상승으로 사라져 가는 섬나라

- 온실가스가 지금처럼 배출될 경우 2100년 지구의 평균 바닷물 높이는 지금보다 60~98센티미터 더 상승할 전망 ⋯ 해수면이 1미터 올라가면 투발루와 키리바시뿐만 아니라 태평양과 인도양의 섬나라는 대부분 지도에서 사라질 것임 ⋯ 한반도의 해수면 높이도 매년 3~4밀리미터 상승 ⋯ 해수면 높이가 올라가는 가장 큰 원인은 빙하가 녹기 때문

기후 위기와 감염병

- 코로나19 : 2019년 12월 중국 우한에서 처음 발견됨 ⋯ 코로나19 같은 새로운 바이러스가 등장하는 첫 번째 원인은 기온 상승 같은 기후 위기임. 기온이 올라가면 대부분의 박테리아(세균)나 바이러스, 곤충이 더 활발하게 활동하기 때문 ⋯ 두 번째 원인은 야생 동물의 서식지 파괴. 서식지가 줄면서 야생 동물이 인간이 사는 곳 가까이 오게 됨. 야생 동물에겐 큰 피해를 일으키지 않던 바이러스들이 인간이나 가축의 몸에 들어와 생명을 앗아 감

5번의 대멸종, 인간도 언젠가?

대멸종이란 말을 들어 봤나요? 대멸종이란 운석 충돌이나 화산 폭발, 기후 변화 같은 갑작스러운 환경 변화로 전체 생물의 75% 이상이 사라지는 것을 뜻해요. 지금까지 5번의 대멸종이 있었지요.

고생대와 중생대에 일어난 대멸종

첫 번째 대멸종은 고생대에 일어났어요. 약 4억 4,500만 년 전 오르도비스기와 실루리아기 사이에 찾아왔지요. 이때 해양 생물의 절반 이상이 멸종했답니다. 두 번째는 약 3억 7,000만 년 전 고생대 데본기 후기에 일어났어요. 그때는 존재하던 생물 종의 70퍼센트가 사라졌지요.

이후 잠잠하나 싶었지만, 약 2억 5,000만 년 전에 세 번째 대멸종이 다시 찾아왔어요. 고생대 마지막 시기인 페름기와 중생대 첫 시기인 트라이아스기 사이에 일어난, 지구 역사상 가장 큰 규모의 대멸종이었죠. 이때 화산 폭발로 파리 에펠탑 3개 높이의 용암이 육지를 뒤덮었다고 해요. 그리고 엄청난 양의 이산화 탄소가 대기 속으로 방출됐고, 바닷물의 온도가 10도나 치솟았지요. 뜨거운 바닷속에서 해양 생물의 96퍼센트가 사라졌고, 육지 생물 역시 70퍼센트 이상 멸종했어요. 완전히 끝난 것 같던 지구의 역사는 살아남은 소수의 생물 종에 의해 중생대로 이어졌지요.

중생대에 들어서도 두 번의 대멸종이 더 발생했어요. 약 2억 500만 년 전 트라이아스기와 쥐라기 사이, 그리고 가장 최근인 약 6,500만 년 전 백악기였지요.

트라이아스기에는 거대한 원시 양서류와 파충류가 멸종하면서 공룡의 시대가 열렸어요. 그러나 백악기에 육지의 지배자인 공룡과 해양 생물을 대표하는 암모나이트는 멸종하고 말았지요. 공룡보다 덩치가 작은 악어나 거북 등 파충류와 양서류, 조류, 포유류 일부가 살아남아 지금까지 우리 곁에 존재합니다.

6번째 대멸종

문제는 6번째 대멸종이 일어날 수 있다는 거예요. 지난 5번의 대멸종을 되돌아보면 공룡이 사라진 한 차례를 제외하고는 모두 기후 변화가 원인이었어요. 그런데 과거 대멸종이 진행될 때 화산에서 분출된 것보다 10배나 많은 이산화 탄소가 지금 배출되고 있어요. 과학자들은 이미 지구가 멸종에 들어섰고, 생물 종의 절반이 사라질 거라는 어두운 전망을 내놓았답니다.

실제로 많은 생물이 멸종 위기에 처해 있고, 사라진 종도 많아요. 게다가 20~30년 뒤엔 곤충의 40퍼센트가 사라질 거라고 하지요. 사람들이 살충제를 펑펑 쓰고 숲과 땅을 파헤치면서 벌과 나비 같은 곤충들은 이미 눈에 띄게 줄어들었답니다.

6번째 대멸종을 막기 위해 우리는 어떻게 해야 할까요? 지금처럼 기후 위기가 계속된다면 언젠가 인류도 멸종을 맞지 않을까요? 중생대를 지배하던 공룡이 한순간에 멸종했듯이 말이에요.

3화
지구의 기온이 점점 높아진다고?

역사 과학으로 증명된 기후 위기

- 온실가스가 없었다면 지구는 냉동실
- 이산화 탄소 농도를 처음 측정한 킬링 박사
- 기후 위기를 막기 위한 전 세계의 약속
- 아직도 기후 변화가 '거짓'이라고?

한눈에 쏙 과학으로 증명된 기후 위기
한 걸음 더 이산화 탄소 배출량, 어떤 나라가 가장 많을까?

온실가스가 없었다면 지구는 냉동실

이산화 탄소와 메테인 등은 지구에서 내보내는 열을 흡수하는 온실가스입니다. 만약 지구에 온실가스가 없었다면 어땠을까요? 현재 14~15도 사이인 지구의 평균 기온이 냉동실과 비슷한 영하 15도로 떨어져 생명체가 살기 어려웠을 거예요.

대표적인 온실가스, 이산화 탄소

온실가스는 지구의 기온을 따뜻하게 유지해 주는 고마운 역할을 해요. 그러나 산업 혁명 이후 그 양이 너무 많아져서 문제랍니다. 특히 이산화 탄소가 가장 많이 증가했어요. 옛날에는 화산 활동으로 이산화 탄소가 대기 중에 배출됐다면, 지금은 석탄이나 석유 같은 화석 연료를 태울 때 나오지요. 인간의 활동으로 발생하는 이산화 탄소는 자연적으로 배출되는 양의 100배에 이를 정도예요.

이산화 탄소는 한번 배출되면 최대 300년간 사라지지 않고 대기에 머물러요. 지금 우리가 이산화 탄소 배출을 완전히 멈춘다고 해도 온실 효과는 300년 뒤까지 지속된다는 뜻이죠.

온난화의 주범이 소?

이산화 탄소 다음으로 온실 효과를 크게 일으키는 물질은 '메테인'이에요. 메테인은 공기 속에 머무는 시간이 9년이라 이산화 탄소보다 짧지만, 더 강력한 온실 효과를 발생시켜요. 이산화 탄소보다 20배 넘게 강력하지요.

혹시 소가 '온난화의 주범'이라는 말을 들어 본 적 있나요? 소는 풀을 먹고 되새김질을 하는 소화 과정에서 트림을 하고 방귀를 뀌는데, 이때 나오는 성분이 바로 메테인이에요. 소가 내뿜는 메테인은 전 세계 메테인 배출량의 약 30퍼센트를 차지할 정도로 심각한 수준이죠.

유엔 식량 농업 기구(FAO)에서 2017년 펴낸 보고서에 따르면, 축산 부문은 전체 온실가스 배출량의 14.5퍼센트를 차지해요. 이는 인류가 자동차와 같은 운송 수단을 사용하여 배출하는 온실가스 양과 맞먹어요.

축산업의 온실가스 배출 비중이 높은 이유는 농장을 만들고 가축을 키우기 위해 숲을 없애기 때문이에요. 이산화 탄소를 흡수하는 나무가 대량으로 사라지니 온실가스 배출이 늘어날 수밖에 없어요. 그래서 기후 위기를 막기 위해 인류가 고기를 덜 먹어야 한다는 주장이 나오는 거랍니다.

비료에서 온실가스가 나온다고?

아산화 질소는 이산화 탄소와 메테인에 이은 제3의 온실가스예요. 아산화 질소는 농부들이 농작물을 재배할 때 뿌리는 질소 비료에서 많이 생기지요. 한번 배출되면 약 120년간 사라지지 않고 대기에 머무르며, 이산화 탄소보다 약 300배 강한 온실 효과를 일으켜요.

이산화 탄소 농도를 처음 측정한 킬링 박사

1958년 미국의 킬링 박사는 하와이에서 이산화 탄소 농도를 측정하기 시작했어요. 하와이는 오염 물질을 많이 배출하는 공장이나 발전소가 없어서 전 지구적인 변화를 감시하기에 가장 알맞은 장소였거든요.

킬링 곡선, 죽음의 곡선

킬링이 처음 관측을 시작했을 때 이산화 탄소는 300피피엠 수준이었는데, 2015년에는 400피피엠을 넘었으며 증가하는 속도도 더 빨라지고 있어요. 킬링도 이산화 탄소 농도가 이렇게 빨리 치솟을 거라고는 상상하지 못했을 거예요.

오른쪽 그림은 킬링이 측정한 이산화 탄소 농도를 나타낸 그래프예요. 그래프가 톱니 모양으로 보이는 이유는 여름에는 식물의 광합성이 활발해 이산화 탄소가 줄었다가 겨울과 봄에 다시 증가하기

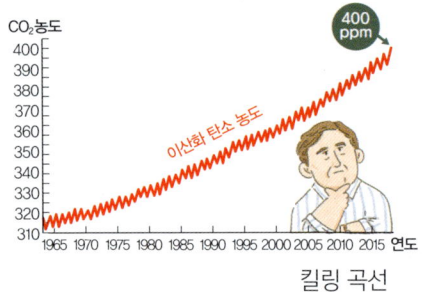

킬링 곡선

때문이지요. 보통 이산화 탄소 농도는 4~5월에 가장 높고, 8~9월에 가장 낮아지곤 해요. 이 그래프는 이산화 탄소의 농도를 처음 측정한 킬링의 이름을 따서 '킬링 곡선(Keeling Curve)'이라고 해요. 그리고 영어 발음이 비슷한 '죽음의 곡선(Killing Curve)'으로 불리기도 하지요. 대기 속 이산화 탄소 농도가 가파르게 증가하고, 이것이 지구 온난화로 이어지면서 인간의 목숨을 앗아 간다는 의미에서 붙여진 이름이랍니다.

기후 위기를 막기 위한 전 세계의 약속

킬링이 하와이에서 하루도 빠짐없이 이산화 탄소를 측정하고 있을 때, 이탈리아에서 지구 온난화의 심각성이 알려졌어요. 1972년 이탈리아 로마에서 열린 국제회의에서 과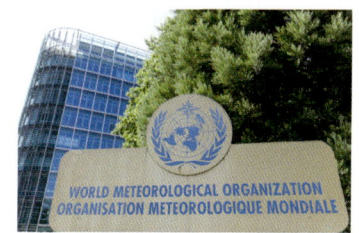
학자들은 지구 기온이 상승하고 있다고 처음으로 인정했지요. 그리고 1985년 세계 기상 기구는 온난화의 원인이 이산화 탄소라고 공식적으로 발표했어요. 하지만 이때까지는 이산화 탄소 배출의 책임이 구체적으로 어디에 있는지 알지 못했지요.

교토 의정서와 파리 기후 변화 협정

1988년 '기후 변화에 관한 정부 간 협의체(IPCC)'가 탄생하면서 드디어 전 세계 과학자들이 한자리에 모였어요. '공동으로 온실가스를 줄이자'는 목표 아래 과학적 증거들을 수집하고, 이를 바탕으로 산업계와 정치권을 압박할 수 있게 됐지요. (IPCC는 앨 고어 미국 전 부통령과 함께 2007년 노벨 평화상을 수상했어요.)

특히 IPCC는 2014년 5차 보고서에서 온난화가 인간의 영향으로 발생했을 확률이 95퍼센트라는 분석을 내놓았어요. 이산화 탄소가 앞으로 전혀 배출되지 않아도 기후 변화가 수백 년 동안 지속될 거라는 암울한 전망도 이 보고서에 실려 있었지요.

온실가스를 줄이기 위한 전 세계의 노력도 멈추지 않았어요. IPCC가 만들어진 지 9년 만인 1997년에는 일본 교토에서 '교토 의정서'가 채택됐어요. 38개 선진국을 대상으로 온실가스를 줄이도록 의무화했는데, 당시 우리나라는 개발 도상국으로 분류돼 아무 의무가 없었지요.

교토 의정서 이후 2015년에는 '파리 기후 변화 협정'(파리 협정)이 만들어졌어요. 파리 협정의 경우 전 세계 거의 모든 나라인 195개국이 참여하여 지구의 기온 상승 폭을 산업화 전과 비교해 2도 아래, 가급적 1.5도를 넘지 않게 하자고 약속했지요. 유럽이 가장 먼저 탄소 배출량을 '0'으로 줄이겠다고 발표했어요. 중국과 우리나라도 동참했고요.

왜 1.5도일까?

그런데 왜 2도가 아닌 1.5도일까요? 지구의 평균 기온이 산업 혁명 전보다 2도 올라가면 생물 종의 20~30퍼센트가 멸종하는 등 상상할 수 없는 재앙이 예고돼 있기 때문이에요. 2도면 적게 느껴질 수 있지만 지구의 평균 기온이라는 점에서 엄청나답니다. 36.5도로 항상 유지되는 사람의 체온이 1~2도만 올라가도 생명이 위험해질 수 있듯이, 지구 평균 기온이 2도 올라가는 상황은 무시무시한 비극을 뜻해요. 그러니까 비극을 막기 위한 최후의 데드라인*이 1.5도인 셈이죠. 산업 혁명 이후 지구의 평균 기온은 이미 1도 넘게 올랐으니까, 이제 우리에게 남은 온도는 0.5도도 되지 않아요.

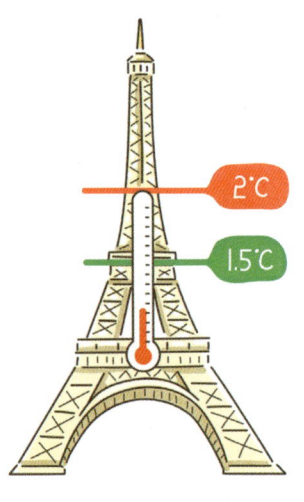

★ **데드라인** 더 이상은 넘어갈 수 없는 최종적인 한계

아직도 기후 변화가 '거짓'이라고?

여러분은 지구 온난화라는 말에서 어떤 느낌이 드나요? 온난화라는 단어 자체가 따뜻한 느낌을 주기 때문에 겨울에 추위가 찾아오면 과연 온난화가 맞나 하는 생각이 들 수 있어요. 또 겨울이 따뜻하면 난방비가 적게 들고 활동하기 좋다는 생각도 들 수 있고요.

기후 변화를 의심하는 사람들

그런데 기후 변화 자체를 아예 믿지 않거나 의심하는 사람들이 있어요. 이들을 '기후 변화 회의론자'라고 불러요. 이산화 탄소 농도가 증가하는데도, 이들은 최근 들어 기온이 올라가는 속도가 느려졌다고 주장해요. 아예 온난화 자체가 거짓이라며, 기후 변화에 대한 국제 협약이나 규제를 반대하기도 하지요.

그렇다면 기후 변화 회의론자들에게 한번 물어 볼까요? 역사상 가장 더운 해가 2000년 이후에 집중돼 있고, 2010년 이후 거의 매년 지구가 전년도보다 더 뜨거워지고 있는 이유는 무엇인지 말이에요.

한편 기후 변화를 과학 기술로 충분히 막을 수 있다고 주장하는 사람들도 있어요. 이산화 탄소를 땅이나 바닷속에 묻고, 지구 대기층에 햇빛을 반사하는 물질을 뿌리거나 거울을 설치해서 온난화를 해결할 수 있다는 거죠. 하지만 가능성이 낮고 다른 부작용이 생길 수 있어요. 온실가스 배출을 줄이는 것이 가장 단순하고 강력한 해결책이 아닐까요?

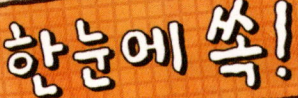

과학으로 증명된 기후 위기

온실가스의 두 얼굴

- 온실가스 : 지구에서 내보내는 열을 흡수해서 기온을 따뜻하게 유지해 주는 역할을 함. 지구에 온실가스가 없었다면 지구의 평균 기온은 냉동실과 비슷한 영하 15도로 떨어져 생명체가 살기 어려웠을 것임. 문제는 산업 혁명 이후 온실가스 양이 너무 많아졌다는 것
- 이산화 탄소 : 대표적인 온실가스. 옛날에는 화산 활동으로 이산화 탄소가 배출됨 ⋯▶ 지금은 석탄이나 석유 같은 화석 연료를 태울 때 나옴 ⋯▶ 인간의 활동으로 발생하는 이산화 탄소는 자연적으로 배출되는 양의 100배에 이름. 이산화 탄소는 배출되면 최대 300년간 대기에 머묾
- 메테인 : 이산화 탄소 다음으로 온실 효과가 큰 물질. 공기 속에 머무는 시간은 이산화 탄소보다 짧지만 온실 효과는 20배 넘게 강력함. 소가 내뿜는 메테인은 전 세계 메테인 배출량의 약 30퍼센트를 차지함 ⋯▶ 소가 온난화의 주범이라는 말이 생김. 축산 부문이 전체 온실가스 배출량의 14.5퍼센트를 차지함 ⋯▶ 축산업의 온실가스 배출 비중이 높은 이유는 농장을 만들고 가축을 키우기 위해 이산화 탄소를 흡수하는 숲을 없애기 때문

이산화 탄소 농도를 처음 측정한 킬링 박사

- 1958년 킬링은 하와이에서 이산화 탄소 농도를 측정하기 시작함. 하와이

- 는 오염 물질을 배출하는 공장이나 발전소가 없어서 전 지구적인 변화를 감시하기에 최적의 장소
- 킬링 곡선 : 킬링이 측정한 이산화 탄소 농도를 나타낸 그래프로, 죽음의 곡선이라고도 불림. 대기 속 이산화 탄소 농도가 가파르게 증가하고, 이것이 지구 온난화로 이어지면서 인간의 목숨을 앗아 간다는 의미임. 킬링 곡선이 톱니 모양으로 보이는 이유는 여름에 식물의 광합성이 활발해 이산화 탄소가 줄었다가 겨울과 봄에 다시 증가하기 때문

기후 위기를 막기 위한 전 세계의 약속

- 1972년 이탈리아 로마의 국제회의에서 과학자들이 지구 기온이 상승하고 있다고 처음 인정 ⋯▶ 1985년 세계 기상 기구는 온난화의 원인이 이산화 탄소라고 공식적으로 발표함 ⋯▶ 1988년 기후 변화에 관한 정부 간 협의체(IPCC)가 탄생 ⋯▶ 1997년 교토 의정서가 채택됨. 38개 선진국을 대상으로 온실가스를 줄이도록 의무화함 ⋯▶ 2015년 파리 기후 변화 협정이 만들어짐. 195개국이 지구의 기온 상승 폭을 산업화 전과 비교해 2도 아래, 가급적 1.5도를 넘지 않게 하자고 약속함.
- 1.5도 : 기온 상승의 데드라인. 지구의 평균 기온이 산업 혁명 전보다 2도 올라가면 생물 종의 20~30퍼센트가 멸종됨. 산업 혁명 이후 지구의 평균 기온이 1도 넘게 오름

한 걸음 더!

이산화 탄소 배출량, 어떤 나라가 가장 많을까?

우리나라의 이산화 탄소 배출량

우리나라는 기후 위기의 피해가 심한 나라 가운데 하나입니다. 한편으로 전 세계 평균보다 많은 양의 이산화 탄소를 배출하는 '기후 악당' 국가이기도 해요.

그렇다면 세계적으로는 어느 정도 수준일까요? 우리나라는 2018년 기준 이산화 탄소 배출량이 6억 9,540만 톤으로 전 세계에서 8번째로 많아요. 이산화 탄소 배출량이 가장 많은 나라는 중국으로 무려 112억 5,590만 톤에 이릅니다. 2위 미국과도 격차가 2배 이상일 뿐 아니라 해마다 배출량이 가장 크게 늘고 있어요. 3위 인도, 4위 러시아, 5위 일본, 6위 독일, 7위 이란, 9위 사우디아라비아, 10위 캐나다예요. 10위권 안에 아시아의 여섯 나라가 들어 있는데, 이는 전 세계 이산화 탄소 배출량을 줄이기 위한 핵심 카드가 아시아에 있음을 뜻하지요.

온실가스는 배출한 나라의 책임

지금처럼 이산화 탄소를 계속 배출한다면 2040년쯤에는 결국 기온 상승의 데드라인인 1.5도를 넘어설 것으로 보여요. 그리고 그 피해는 고스란히 개발 도상국에 돌아가지요. 특히 가난한 사람들과 노인, 어린이들이 가장 큰 위험에 처할 거예요.

태풍이나 홍수를 막을 댐을 갖추지 못한 방글라데시에서는 해마다 수많은 사람이 목숨을 잃고 있어요. 아프리카에서도 많은 사람이 극심한 가뭄과 식량 부족, 질병에 시달리지요. 해수면이 높아져서 고향을 잃은 태평양 섬나라 주민들은 또 어떤가요?

에어컨이나 자동차로 대표되는 편리한 문명을 누리는 쪽과 피해를 입는 쪽이 서로 달라요. 기후 변화로 인한 피해는 가난한 나라, 그 안에서도 소외 계층에서 발생하지만 가장 많은 온실가스를 배출한 선진국이나 기업들은 책임지지 않으려고 하죠. 여기서 바로 기후 변화의 '불평등'이 발생한답니다.

한창 경제가 성장하고 있는 나라들은 선진국에 책임을 지라고 요구합니다. 선진국이 편리함을 맘껏 누린 뒤에 발생한 환경 비용을 개발 도상국에 부담시키는 일은 불공평하다는 거죠. 반면에 가장 많은 온실가스를 배출한 미국 같은 선진국은 자꾸 모른 척하려고 해요.

미국은 2019년 11월에 파리 기후 변화 협정을 돌연 탈퇴하겠다고 발표해 충격을 주기도 했어요. 물론 2021년 이후 미국 정부의 태도가 달라졌지만, 전 세계가 어렵게 이끌어 낸 약속에 선진국이 발을 빼는 것을 어떻게 생각하나요? 물론 우리나라의 책임도 무시할 수 없답니다.

4화
내 장미가 제일 소중해

사회 위기를 기회로, 지금 즉시 행동을!

- 기후 위기 막겠다 – 전 세계의 잇따른 선언
- 미래를 위한 선택, 친환경 에너지
- 자동차와 에어컨을 포기할 수 있을까?
- 이산화 탄소 배출량을 1톤으로 줄이기
- 사막화와 가뭄, 나와 무슨 관계?

한눈에 쏙 위기를 기회로, 지금 즉시 행동을!
한 걸음 더 호랑이는 가죽을, 탄소는 발자국을!

기후 위기 막겠다 – 전 세계의 잇따른 선언

2020년 신년사에서 독일의 메르켈 총리는 이렇게 말했어요.

"미래 세대가 평화와 번영 속에서 살 수 있도록 온 힘을 다해 기후 변화와 싸우겠습니다. 지구 온난화는 현실입니다. 위협적입니다. 우리는 인류를 위협하는 기후 변화를 극복하기 위해 인간의 능력 안에서 할 수 있는 모든 것을 해야 합니다. 지금도 가능합니다."

정치인의 새해 신년사는 보통 희망이 가득 찬 메시지인 경우가 많은데, 메르켈의 신년사에선 비장함이 느껴지지 않나요?

탄소 중립을 목표로

메르켈은 자신은 65살이기 때문에 기후 변화가 초래할 결과를 보지 못할 가능성이 높지만 자녀와 손자 세대는 다르다고 말했어요. 지금 행동에 나서지 않으면 불러올 결과에 책임을 져야 한다는 거죠.

그래서 메르켈은 온실가스를 가장 많이 배출하는 교통과 난방 분야를 시작으로 탄소 배출량에 가격을 매기는 제도를 확대하겠다고 밝혔어요. 독일은 온실가스 배출량이 유럽에서 가장 많은 국가이거든요. 아직 충분한 준비가 되지 않았다는 반발이 나왔지만, 메르켈은 독일이 기후 변화 대응을 주도해 나가도록 온 힘을 다하겠다고 선언했지요.

유럽 연합(EU)은 2030년까지 탄소 배출량을 1990년과 비교해 절반 이상 줄이고 2050년에는 완전한 탄소 중립을 달성하겠다고 약속했어요. '탄소 중립'이란 온실가스를 배출한 만큼 모두 제거해, 결과적으로 탄소 배출량이 0이 되는 상태를 뜻해요.

전 세계에서 가장 많은 이산화 탄소를 배출하는 중국도 2060년까지 탄소 중립을 이루겠다고 발표했어요. 우리나라와 일본도 2050년 탄소 중립을 목표로 기후 위기에 대응해 나가겠다고 밝혔지요. 온실가스 배출량이 가장 많은 아시아가 적극적으로 행동에 나선 거예요.

왜 2050년일까?

그런데 왜 2050년일까요? 파리 협정에 따라 전 세계는 지구의 평균 기온이 산업 혁명 이전보다 1.5도 이상 올라가는 것을 막기로 약속했어요. 그러기 위해서는 2050년까지 탄소 배출량을 0으로 만들어야 한다고 IPCC가 권고했기 때문이지요. 2050년이면 아직 멀었다고 생각할 수 있지만 시간이 얼마 남지 않았어요.

미래를 위한 선택, 친환경 에너지

희망은 싹트고 있어요. 일찌감치 화석 연료 대신 친환경 에너지인 '신재생 에너지'를 국가의 주력 자원으로 개발해 온 유럽 국가들이 서서히 성과를 거두고 있거든요.

독일은 신재생 에너지로 생산되는 전력의 비율을 2000년 전체의 약 6퍼센트에서 2014년 약 27퍼센트로 4배 이상 끌어올렸어요. 2015년 덴마크도 전기의 40퍼센트 이상을 풍력으로 생산했지요. 새로운 기술이 개발되면서 태양광이나 풍력으로 전기를 생산하는 비용이 점점 낮아진 덕분이에요.

화석 연료에서 신재생 에너지로

신재생 에너지는 신에너지와 재생 에너지를 합쳐 부르는 말이에요. 기존의 화석 연료를 변환시켜 이용하거나 햇빛, 물, 지열 등 재생 가능한 에너지를 변환하여 이용하는 에너지를 가리키죠. 사실 재생 에너지는 석탄이나 석유보다 인류에게 더 친숙한 에너지일지 몰라요.  화석 연료를 개발하기 훨씬 전부터 풍차와 물레방아로 바람과 물의 힘을 이용했고, 태양열로 음식을 익히기도 했으니까요.

화석 연료 사용을 중단하면 당장 전기 요금이 오르고 많은 사람이 직업을 잃어버린다는 주장도 틀리지 않아요. 그러나 화석 연료에서 신재생 에너지로 전환하는 것이 미래를 위한 길이며, 경제적인 측면에서도 무한한 기회를 만들어 낼 수 있다는 점은 분명해요.

　유럽 국가들이 개발한 신재생 에너지 기술이 전 세계적으로 보급되면 에너지 전환은 더 빨라질 거예요. 파리 협정은 선진국의 환경 기술을 개발 도상국이나 후진국에 적극적으로 전해 줄 것을 권하고 있답니다.

신재생 에너지의 종류

태양 에너지 태양광과 태양열로 전기를 생산하는 방법이에요.

지열 에너지 땅속에 있는 열을 이용해 난방을 하거나 온수를 활용하는 방법으로, 화산 활동이 활발한 아이슬란드나 일본에서 널리 활용되고 있지요.

해양 에너지 바다의 파도와 밀물, 썰물의 차이를 이용해서 전기를 생산하는 방법이에요.

풍력 에너지 바람의 힘으로 풍차의 날개를 돌려서 전기를 생산하는 방법이에요.

바이오 에너지 생명체로부터 전기를 생산하는 방법으로, 식물에서 기름을 짜서 바이오디젤 같은 액체 연료로 활용할 수 있어요.

수소 에너지 지구에 가장 많이 존재하고, 가벼우면서 깨끗한 기체인 수소를 연료로 이용하는 방법이에요.

수력 에너지 댐에 물을 가둔 뒤, 그 물을 떨어뜨릴 때 높이 차이에 의해 발생하는 에너지로 전기를 생산하는 방법이에요.

 자동차와 에어컨을 포기할 수 있을까?

여러분은 자동차가 없는 도시 생활을 상상할 수 있나요? 미세 먼지를 줄이기 위해 가끔씩 자동차 2부제만 시행해도 불편해하는 사람들이 많아요. 또 늘 사용하던 가전제품을 쓸 수 없다면 어떨까요? 몇 분만 정전돼도 불편함을 느낄 거예요.

조금 불편해도 단순하고 소박하게

중국의 경우 1980년대만 해도 냉장고 있는 집이 드물었어요. 냉장고 보유 대수는 400만 대에 불과했지요. 그러나 냉장고가 필수품이 되면서 지금은 보유 대수가 100배 가까이 늘었어요.

에어컨 보유 비율 역시 중국 도심 주택에서 1995년에는 8퍼센트에 불과했지만, 2004년 70퍼센트로 급증했어요. 인도에서도 도시를 중심으로 매년 에어컨 판매가 20퍼센트씩 증가하고 있어요.

도시에 사는 현대인은 말 그대로 에너지 중독 상태에 빠져 있어요. 하지만 이제부터는 조금 불편해도 단순하고 소박한 삶을 살아야 할 때가 아닌가 싶어요. 2050년까지 탄소 배출을 완전히 줄이려면 정부의 정책뿐만 아니라 개개인의 노력도 무엇보다 중요하기 때문이죠.

이산화 탄소 배출량을 1톤으로 줄이기

전 세계인이 1인당 배출하는 이산화 탄소의 양은 1년에 7톤 정도예요. 2011년 스웨덴에서는 이산화 탄소 배출량을 1톤으로 줄여서 살아가자는 캠페인을 벌였어요. 평범한 4인 가족이 실험에 참여했는데, 7톤을 1톤으로 줄이는 일은 말처럼 쉽지 않았어요. 식생활부터 자동차 운행 등 일상의 모든 습관을 바꿔야 했거든요.

그들은 외부 에너지를 거의 사용하지 않는 '에너지 제로 주택'에서 생활했어요. 태양광을 이용해 스스로 실내 온도를 조절하고 물을 데우고 전기도 생산할 수 있는 집이지요. 집에서 생산된 전기만으로 자동차를 충전했는데, 8시간을 충전하면 150킬로미터를 달릴 수 있었어요. 하지만 날씨가 궂어서 전기를 생산할 수 없는 날도 많았기 때문에 자동차 사용을 점차 줄여 나갔지요. 음식은 가까운 곳에서 생산된 제철 음식만 먹고 전자 제품의 사용도 실시간으로 체크하며 최대한 아꼈답니다.

이산화 탄소 배출량을 1톤으로 줄여 살아가기란 처음에는 불가능해 보였어요. 하지만 첨단 기술의 도움을 받으며 생활 습관을 바꿈으로써 실현해 냈지요. 4인 가족의 실험이 전 세계로 확대되면 어떨까요? 이산화 탄소 배출량이 지금보다 7분의 1로 줄어들지 않을까요?

낭비하는 에너지를 조금씩 줄인다면

탄소 배출량을 어떻게 줄일 수 있을까요? 대중교통을 이용하고, 매일 하던 샤워 횟수를 줄이거나 컴퓨터를 덜 사용하는 것만으로도 줄일 수 있어요. 에어컨을 펑펑 틀면서 여름을 보냈다면 이제는 선풍기를 사용해 봐요. 우리가 지금 낭비하고 있는 에너지만 조금씩 줄인다고 해도 전 지구적으로는 엄청난 양이랍니다.

TIP
지구를 위해 실천해야 할 10가지*

1. 여름 냉방은 1도 높게, 겨울 난방은 1도 낮게 설정하기
2. 과대 포장한 제품, 선물 세트 등 피하기
3. 재활용이 어려운 유색 페트병 대신 투명 페트병을 사용하고 분리배출 하기
4. 플라스틱 통은 여러 번 재사용하기
5. 음료 마실 때 빨대나 일회용품 플라스틱 컵 사용하지 않기
6. 수도꼭지를 잘 잠그고 샤워 시간 줄이기
7. 화장지, 종이, 가구 등 모든 목재 및 임산물에서 산림 관리 협의회(FSC) 인증 라벨 확인하기(FSC 인증 라벨 제품은 지속 가능한 방식으로 관리된 나무로 제작되므로 숲과 야생 동물을 모두 보전할 수 있다고 해요.)
8. 종이를 절약하여 사용하고 재활용하기
9. 가능한 한 걷거나 자전거 및 대중교통 이용하기
10. 노가리(어린 명태), 총알 오징어(어린 살오징어), 풀치(어린 갈치) 같은 어린 생선 구매하지 않기

★ 세계 자연 기금(WWF)에서 제안

사막화와 가뭄, 나와 무슨 관계?

2020년 6월 17일 '세계 사막화 및 가뭄의 날'에는 '미래 세대를 위한 생산과 소비'라는 주제가 선정됐어요. 사막이나 가뭄 하면 누런 모래 먼지와 아프리카가 떠오르는데, 생산과 소비라니 무슨 뜻일까요?

착한 소비로 사막화와 가뭄을 막자

'유엔 사막화 방지 협약'은 무리한 개발과 자원의 오남용으로 인한 사막화 방지를 위해 체결된 협약이에요. 이 협약에 따르면 우리가 먹는 음식이나 동물용 사료, 섬유, 연료를 생산하는 과정에서 자연 생태계의 70퍼센트 이상이 변형됐어요. 원래 건조한 서아시아나 아프리카는 기후 변화 때문에 사막화가 점점 더 심해지고 있어요. 이로 인한 물 부족과 가뭄은 사람들의 목숨을 위협하지요. 아프리카, 오스트레일리아, 중국 등에서 사막화의 영향을 직접 받는 사람은 무려 12억 명에 이른답니다. 이는 전 세계 인구의 15퍼센트가 넘는 수치예요.

지금부터라도 적정량의 음식을 소비하는지, 고기를 지나치게 먹지는 않는지, 옷을 너무 많이 사지 않는지 점검해 봐야 하지 않을까요? 또 가급적 우리나라에서 생산된 음식을 먹는다면 해외에서 음식 재료를 수입하는 데 사용되는 연료를 줄일 수 있어요. 미래 세대를 위한 착한 소비가 사막화와 가뭄을 막아 주는 단비가 될 수 있답니다.

한눈에 쏙!

위기를 기회로, 지금 즉시 행동을!

2050년 완전한 탄소 중립을 향해

- 탄소 중립 : 온실가스를 배출한 만큼 모두 제거해, 결과적으로 탄소 배출량이 0이 되는 상태. IPCC가 2050년까지 탄소 배출량을 0으로 만들어야 한다고 권고함. 탄소 중립을 이루려면 정부의 정책뿐만 아니라 우리 모두의 노력도 중요함
- 유럽 연합 : 2030년까지 탄소 배출량을 1990년보다 절반 이상 줄이고, 2050년엔 완전한 탄소 중립을 달성하겠다고 약속함. 독일은 온실가스 배출량이 유럽에서 가장 많은 국가인데, 2020년 메르켈 총리가 기후 변화 대응을 주도해 나가겠다고 선언함 ⋯▶ 온실가스를 가장 많이 배출하는 교통과 난방 분야를 시작으로 탄소 배출량에 가격을 매기는 제도를 확대하겠다고 밝힘
- 아시아 : 전 세계에서 가장 많은 이산화 탄소를 배출하는 중국은 2060년까지 탄소 중립을 이루겠다고 발표. 우리나라와 일본은 2050년 탄소 중립을 목표로 기후 위기에 대응하겠다고 밝힘

신재생 에너지

- 신에너지와 재생 에너지를 합쳐 부르는 말. 기존의 화석 연료를 변환시켜 이용하거나 햇빛, 물, 지열 등 재생 가능한 에너지를 변환하여 이용하는 에

너지. 태양 에너지, 지열 에너지, 해양 에너지, 풍력 에너지, 바이오 에너지, 수소 에너지, 수력 에너지가 있음

이산화 탄소 배출량을 1톤으로 줄이기
- 에너지 제로 주택 : 외부 에너지를 거의 사용하지 않는 집. 태양광을 이용해 스스로 실내 온도를 조절하고 물을 데우고 전기를 생산할 수 있음
- 전 세계인이 1인당 배출하는 이산화 탄소의 양은 1년에 7톤 정도. 대중교통을 이용하고 샤워 횟수를 줄이거나 컴퓨터를 덜 사용하고, 에어컨 대신 선풍기를 사용하는 방법으로도 탄소 배출을 줄일 수 있음

사막화와 가뭄
- 유엔 사막화 방지 협약 : 무리한 개발과 자원의 오남용으로 인한 사막화 방지를 위해 체결된 협약. 협약에 따르면 음식이나 동물용 사료, 섬유, 연료를 생산하는 과정에서 자연 생태계의 70퍼센트 이상이 변형됨 ⋯▶ 건조한 서아시아와 아프리카는 기후 변화로 사막화가 심해짐 ⋯▶ 물 부족과 가뭄은 인류의 생존을 위협함 ⋯▶ 사막화의 영향을 직접 받는 사람은 12억 명에 이름
- 사막화와 가뭄을 막기 위해서는 착한 소비가 필요함 ⋯▶ 적정량의 음식을 소비하고, 지나친 육류 섭취는 피하고, 옷을 적당히 사고, 우리나라에서 생산된 음식을 소비

호랑이는 가죽을, 탄소는 발자국을!

여러분은 '탄소 발자국'이라는 말을 들어 봤나요? 2006년 영국에서 처음 나온 말로, 우리가 먹고 마시고 이동하는 과정에서 배출되는 이산화 탄소의 양을 뜻해요. 탄소 발자국의 표시는 무게 단위인 킬로그램 또는 심어야 하는 나무의 수로 환산하여 표시하지요. 이때 나무의 수는 발생한 이산화 탄소를 흡수할 수 있는 최소한의 나무를 뜻해요. 호랑이는 죽으면 가죽을 남기고 탄소는 발자국을 남기는 셈이죠.

먹고 움직이고 활동하는 모든 것에 탄소 발자국이

마트에서 파는 식품이나 전자 제품을 유심히 보면 탄소 발자국이 표시돼 있어요. 그리고 칠레에서 수입된 포도는 국내에서 생산된 포도보다 탄소 배출량이 많지요. 내가 사는 지역에서 생산된 제철 음식을 먹는다면 탄소 발자국을 줄일 수 있겠죠?

서울에서 강원도까지 자동차로 이동하면 나무 8그루가 흡수할 수 있는 양의 이산화 탄소를 배출해요. 왕복하면 16그루 만큼이니 강원도 여행 한 번에 배출되는 이산화 탄소의 양이 얼마나 많은지 알 수 있지요. 같은 거리를 자동차가 아닌 기차로 가면 이산화 탄소의 배출량은 10분의 1로 줄어들어요.

컴퓨터를 1시간 동안 사용하면 0.09킬로그램의 탄소가, 소고기 2인분(320그램)을 생산하는 과정에선 34킬로그램(3만 4,000그램)의 탄소가 발생해요. 휴대 전화를 1년간 사용할 때 배출되는 이산화 탄소의 양은 112킬로그램에 이르지요. 별 생각 없이 컴퓨터를 켜 놓고 한우를 먹으면서 휴대 전화를 사용한다면, 탄소 발자국이 어마어마하겠지요?

탄소 발자국을 줄이려면

그렇다면 탄소 발자국을 어떻게 줄일 수 있을까요? 이산화 탄소를 흡수하는 나무를 많이 심고 숲을 잘 가꾸는 것도 좋은 방법이에요. 나무를 직접 심기 어렵다면 저탄소 생활을 꾸준히 실천하기만 해도 나무 심는 효과를 거둘 수 있답니다.

일회용 컵 대신 텀블러를 들고 다니며, 쓰레기를 철저하게 분리수거 해서 재활용하는 것도 중요해요. 비닐봉지 대신 장바구니를 이용하고, 음식을 남기지 않는 습관은 물론이고요. 에스컬레이터나 엘리베이터 대신 계단을 이용하고, 대중교통이나 자전거를 이용하며, 물과 전기를 아끼는 습관도 길러 봐요. 지우지 않아 쌓인 이메일을 정리하는 것만으로도 이산화 탄소의 발생을 줄일 수 있다는 사실을 알고 있나요? 컴퓨터 등 전자 제품 전원을 절전 모드로 바꾸고, 모니터 밝기를 낮추는 행동도 탄소 발자국을 줄인답니다.

5화
어린 왕자야, 안녕!

인물 기후 위기를 막기 위해 노력하는 양심들

- 세계를 움직인 용감한 소녀, 그레타 툰베리
- 유명 배우도 한목소리 "지금이 행동할 때"
- 기후 위기를 늦추는 데 적극 나선 정치인
- 투쟁하는 미국 항공 우주국 기후학자
- 거리로 나온 청소년들, 기후 위기 선언

한눈에 쏙 기후 위기를 막기 위해 노력하는 양심들
한 걸음 더 23억 명의 어린이를 위협하는 기후 위기

 세계를 움직인 용감한 소녀, 그레타 툰베리

"사람들이 고통받고 있습니다. 사람들이 죽어 가고 있습니다. 생태계 전체가 무너지고 대규모 멸종의 시작을 앞두고 있는데 당신들은 돈과 영원한 경제 성장이라는 환상만 늘어놓습니다. 어떻게 감히 그럴 수 있습니까?"

스웨덴의 환경 운동가 그레타 툰베리

2019년 9월 23일 미국 뉴욕에서 열린 '유엔 기후 행동 정상 회의'에서 한 소녀가 용감하게 말문을 열었어요. 그는 바로 스웨덴의 환경 운동가 그레타 툰베리였지요. 연설할 당시 열여섯 살에 불과했으나, 툰베리는 전 세계 정상들에게 '모든 미래 세대의 눈이 여러분을 향해 있다. 책임을 피해서 빠져나가도록 내버려 두지 않을 것'이라고 당당하게 경고했어요.

툰베리는 2018년부터 기후 위기에 관심을 두고 활동했어요. 금요일마다 학교에 가지 않고 스웨덴 국회 의사당 앞에서 기후 변화에 대한 대책을 마련해 달라고 1인 시위를 계속했지요. 이는 매주 금요일, 등교를 거부하고 기후 위기 대책 마련을 요구하는 '미래를 위한 금요일(FFF, Fridays For Future)' 운동으로 이어졌어요. 미래를 위한 금요일 운동은 전 세계로 퍼져 나가 2019년 3월에는 92개국 1,200여 단체가 참여했지요.

10대 환경 운동가의 상징

툰베리는 2018년 12월 폴란드에서 열린 제24차 '유엔 기후 변화 협약' 당사국 총회*에 참여해 기후 위기에 적극적으로 나서지 않는 정치인들을 공개적으로 비판했어요. 기후 위기에 대처  하지 않는 모습은 자녀의 미래를 훔치는 것과 같다고 표현했지요.

툰베리의 활동이 활발해질수록 못마땅하게 여기는 사람도 늘었지만 툰베리는 굴하지 않았어요. 온실가스를 많이 배출하는 비행기 대신 태양광 요트를 타고 대서양을 건너, 국제회의에 참석하는 등 전 세계 곳곳에서 환경 시위를 적극적으로 이끌었답니다.

툰베리를 열렬히 지지하는 사람들 가운데에는 버락 오바마 미국 전 대통령도 있어요. 오바마는 "우리 지구의 가장 위대한 변호인, 그는 자신의 세대가 기후 변화의 타격을 받는다는 것을 알고, 실제 행동으로 옮기는 데 두려워하지 않는다."라고 극찬했어요.

 10대 환경 운동가의 상징이 된 툰베리는 전 세계 어린이와 청소년 들에게 용기를 주고 있답니다.

★ 당사국은 유엔 기후 변화 협약에 가입한 국가를 말하며, 이들 국가가 매년 한 번씩 모여 협약의 이행 방법 등 주요 사안들을 결정하는 자리를 당사국 총회라고 한다.

유명 배우도 한목소리 "지금이 행동할 때"

영화배우 리어나도 디캐프리오는 연기뿐만 아니라 환경 운동가로도 유명해요. 2014년 9월, 그는 유엔 기후 변화 정상 회의에서 사람들이 기후 변화를 남의 일처럼 생각하고 행동한다며 비판했지요. "바로 지금이 행동할 때이고 이제는 당신 차례."라고 목소리를 높였어요.

배우이자 환경 운동가, 디캐프리오

사실 디캐프리오는 2007년 기후 변화를 주제로 한 다큐멘터리 〈11번째 시간〉 제작에도 참여했어요. 지구에 12시간이 주어졌다고 하면 우리는 지금 11시에 와 있다는 메시지를 담은 다큐멘터리로, 멸종의 시간이 얼마 남지 않았다는 뜻이죠. 그는 다큐멘터리를 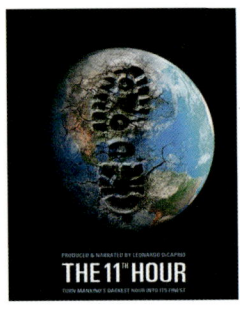 찍기 위해 여행하는 동안 숨 쉬기 힘들 정도로 오염된 중국 베이징, 숲이 파괴된 캐나다와 인도네시아 등을 목격했다고 합니다.

그리고 2016년 미국 아카데미 시상식에서 디캐프리오는 영화 〈레버넌트〉로 남우주연상을 받았는데, 수상 소감으로 "기후 변화는 현실이다. 지금 이 순간에도 일어나고 있다. 전 인류와 동물을 위협하는 가장 긴급한 사안이고 힘을 합쳐 해결책을 마련해야 한다."라고 강조했어요.

배우, 그리고 환경 운동가로서 그 누구보다 열정적으로 활동하고 있는 디캐프리오를 응원해 볼까요?

기후 위기를 늦추는 데 적극 나선 정치인

2008년 미국 대통령으로 당선된 버락 오바마는 기후 위기를 늦추기 위해 매우 적극적으로 행동했어요. 온실가스 배출량을 1990년과 비교해 80퍼센트 수준으로 줄이겠다고 발표하고, 온실가스를 많이 배출하는 기업은 배출량만큼 돈(탄소세)을 내게 했지요.

이렇게 거둔 탄소세로 신재생 에너지 기술을 개발하며 일자리를 만들겠다고 밝혔어요. 2025년까지 신재생 에너지의 비율을 전체의 4분의 1로 높이고 모든 건물의 탄소 배출을 0으로 만들기로 했지요.

기후 변화를 최우선으로

오바마는 기후 변화 정책을 우선순위로 밀어붙였어요. 세계 1위 경제 대국이면서 세계 2위 탄소 배출국인 미국이 앞장서면서 2015년 파리 협정도 성공적으로 합의됐지요.

그러나 안타깝게도 공화당 출신의 트럼프 정부가 들어서면서 오바마의 정책을 원점으로 돌려놓았을 뿐 아니라 파리 협정도 탈퇴해 버렸어요. 다행히 2020년 대선에서 승리한 민주당의 조 바이든 대통령은 기후 위기가 미국과 전 세계가 직면한 가장 긴급한 위기라며 기후 변화를 최우선에 두겠다는 의지를 보이고 있지요. 파리 협정도 미국이 다시 가입하면서 힘을 받고 있어요.

투쟁하는 미국 항공 우주국 기후학자

'기후 변화 시나리오'라는 말을 들어 봤나요? 영화처럼 기후 변화에도 시나리오가 있어요. 우리가 온실가스를 얼마나 배출하는지에 따라 서로 다른 미래가 펼쳐지는 거죠. 지금처럼 온실가스를 펑펑 내뿜는다면 21세기 말에는 지구의 평균 기온이 산업화 전보다 3도 이상 올라갈 전망이에요.

석탄은 죽음의 열차

과학적으로 지구 온난화를 증명하고 예측하는 데 기여한 사람이 있어요. 바로 제임스 한센 박사로, 그는 미국 항공 우주국(NASA)에서 일하며 1980년대부터 온난화의 증거를 수집했지요.

한센은 직접 행동하는 과학자로도 유명해요. 1988년 미국 의회에 증인으로 출석해 지구 온난화의 위험을 경고하며, 탄소 배출은 지구 온난화의 시한폭탄이라고 말했지요. 또 백악관 앞에서 송유관* 건설에 반대하는 시위를 하다가 4번이나 경찰에 체포됐어요. 동료 과학자들과 함께 돈을 모아 "이산화 탄소 농도를 350피피엠 이하로 줄여야 한다"는 신문 광고를 싣기도 했답니다. 가장 많은 온실가스를 배출하는 석탄 발전은 2030년까지 완전히 폐지해야 한다며, 석탄을 '죽음의 열차'에 비유하기도 했어요.

★ **송유관** 석유나 원유 따위를 다른 곳으로 보내기 위하여 설치한 관

거리로 나온 청소년들, 기후 위기 선언

2100년에 해수면이 1미터 상승하더라도 어른들은 자신과 상관없다고 생각할 수 있어요. 하지만 그 시대에 살아갈 지금의 어린이와 청소년은 어떨까요? 잦은 태풍과 해일로 고통받으며 삶의 터전을 잃고 심지어 생명을 위협받을 수도 있지요. 그래서 요즘은 어린이나 청소년 들이 더 적극적으로 기후 위기에 대응해야 한다고 외친답니다.

기후 위기의 가장 큰 피해자, 어린이와 청소년

우리나라 청소년들도 기후 위기를 막기 위한 행동에 나섰어요. 2020년 3월 '청소년 기후 행동' 소속의 청소년들이 대통령과 국회를 상대로 "기후 위기 방관은 위헌"이라며 헌법 소원을 청구했어요. 헌법 소원은 헌법에 보장된 국민의 기본권이 지켜지지 못할 때, 그 권리를 되찾게 해 달라고 헌법 재판소에 신청하는 절차예요. 이들은 정부가 2020년 온실가스 감축 목표를 폐지해 청소년의 생명권과 행복 추구권·환경권을 침해했고, 헌법을 위배했다며 목소리를 높였어요.

청소년들의 바람은 소박합니다. 다음 세대도 어른들처럼 미래를 마음껏 꿈꿀 수 있게 해 달라는 거예요. 현재 우리나라에도 많은 10대들이 스스로를 '멸종 위기 세대'라 부르며 기후 위기를 경고하고 있어요.

한눈에 쏙!

기후 위기를 막기 위해 노력하는 양심들

10대 환경 운동가의 상징, 그레타 툰베리

- 그레타 툰베리 : 스웨덴의 환경 운동가. 2018년부터 기후 위기에 관심을 두고 스웨덴 국회 의사당 앞에서 기후 변화 대책 마련을 요구하는 1인 시위를 함 … 매주 금요일 등교를 거부하고 기후 위기의 심각성을 알리는 '미래를 위한 금요일' 운동으로 이어짐. 툰베리는 온실가스를 많이 배출하는 비행기 대신 태양광 요트를 타고 바다를 건너 국제회의에 참석함

배우이자 환경 운동가, 리어나도 디캐프리오

- 리어나도 디캐프리오 : 2007년 기후 변화를 주제로 한 다큐멘터리 〈11번째 시간〉 제작에 참여함. 지구에 12시간이 주어졌다고 하면 우리는 지금 11시에 와 있다는 메시지를 담은 다큐멘터리로, 멸종의 시간이 얼마 남지 않았다는 뜻임 … 2014년 9월 유엔 기후 변화 정상 회의에서 사람들이 기후 변화를 남의 일처럼 생각하고 행동한다며 비판함 … 2016년 미국 아카데미 시상식에서 "기후 변화는 현실이다. 힘을 합쳐 해결책을 마련해야 한다"라고 강조함

기후 변화 정책을 우선순위로 둔 정치인

- 버락 오바마 : 2008년 미국 대통령에 당선. 온실가스 배출량을 1990년과 비교해 80퍼센트 수준으로 줄이겠다고 발표하고, 온실가스를 많이 배출하

는 기업은 배출량만큼 돈(탄소세)을 내게 함. 탄소세로 신재생 에너지 기술을 개발하고 일자리를 만들겠다고 밝힘. 2025년까지 신재생 에너지의 비율을 전체의 4분의 1로 높이고 모든 건물의 탄소 배출을 0으로 만들기로 함

투쟁하는 미국 항공 우주국 기후학자

- 제임스 한센 : 과학적으로 지구 온난화를 증명하고 예측하는 데 기여함. 1980년대부터 온난화의 증거를 수집함 ⋯▸ 1988년 미국 의회에 출석해 지구 온난화의 위험을 경고. 백악관 앞에서 송유관 건설에 반대하는 시위를 함. 이산화 탄소 농도를 350피피엠 이하로 줄여야 한다는 신문 광고를 실음. 가장 많은 온실가스를 배출하는 석탄 발전을 2030년까지 완전 폐지해야 한다며, 석탄을 '죽음의 열차'에 비유함

우리나라 청소년들의 기후 위기 선언

- 2020년 3월 청소년 기후 행동 소속의 청소년들이 대통령과 국회를 상대로 "기후 위기 방관은 위헌"이라며 헌법 소원을 청구함. 정부가 2020년 온실가스 감축 목표를 폐지해 청소년의 생명권과 행복 추구권·환경권을 침해했고, 헌법을 위배했다고 목소리를 높임. 10대들은 스스로를 '멸종 위기 세대'라 부르며 기후 위기를 경고함

한 걸음 더!

23억 명의 어린이를 위협하는 기후 위기

지구 온도가 상승하면 해수면 상승과 고온 현상, 가뭄, 물 부족, 태풍, 홍수 같은 수많은 재해와 재난이 몰려옵니다. 전 세계적으로 기후와 관련된 위기를 겪고 있는 어린이들의 숫자는 23억 명에 이르는 것으로 추정되지요.

기후 위기로 고통받는 어린이

태평양의 섬나라 키리바시 어린이들은 생활 터전이 물에 잠길 위기를 겪고 있어요. 몽골 어린이들은 혹독한 겨울 추위에 물 부족까지 겪고 있고요. 필리핀 어린이들은 잦은 홍수, 태풍과 싸워야 하지요. 모두들 예측할 수 없는 자연재해 속에 하루하루를 살고 있답니다.

기후 위기로 가뭄이 계속되면 농사를 지을 수 없어요. 한창 잘 먹어야 할 나이지만, 굶주림에 시달리는 어린이들은 제대로 성장하지 못하고 평생 질병으로 고통받아요.

홍수가 발생하면 깨끗한 물이 부족해지고 콜레라 같은 전염병이 확산돼 어린이들의 생명을 앗아 갈 수 있어요. 또 모기가 옮기는 말라리아나 뎅기열 같은 질병에도 어린이가 가장 위험하지요. 전 세계 5살 미만의 어린이 가운데 95퍼센트가 기후 위기에 의한 질병에 노출돼 있다는 조사 결과도 나왔어요.

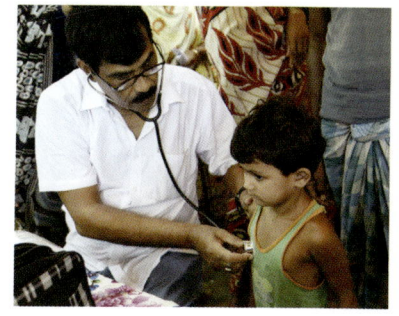

기후 위기는 전 세계적으로 일어나는 현상이며 선진국에 책임이 있지만, 그 피해는 가난한 나라의 어린이들이 고스란히 받고 있어요. 왜 어린이가 어른들의 잘못을 떠안아야 하나요?

유엔 아동 기금(유니세프)은 파리 협정이 만들어질 때 어린이의 삶에 기후 위기가 어떤 영향을 주는지 정리한 보고서를 제출했어요. 이 보고서에 따르면 어른들이 아무 생각 없이 배출한 이산화 탄소가 지구 반대편에 사는 어린이들의 생존을 위협한다고 해요.

우리나라에서도 해마다 물난리로 많은 어린이가 고통을 겪고 있어요. 하지만 지금부터 우리 모두가 기후 위기를 늦추기 위해 행동한다면 미래를 희망찬 초록색으로 바꿀 수 있을 거예요.

워크북

1화 개념 – 지구의 기후가 변하고 있다!

1 다음을 읽고 괄호 안에 들어갈 알맞은 단어를 보기에서 골라 봐요.

> 하루 또는 오전과 오후, 낮과 밤 등 짧은 기간 사이에 나타나는 비·구름·바람·눈·기온·강수량의 상태를 (㉠)라 해요. (㉠)는 순간순간 변화무쌍하지요. (㉡)는 어떤 지역에서 오랜 기간 동안 (㉠) 변화를 관찰하여 평균을 낸 것이에요. 하루하루의 (㉠)가 모이면 (㉡)가 된답니다.

보기

기후   날씨   지구 온난화   온실 효과   태양 에너지

㉠ : _____

㉡ : _____

2 다음 중 쾨펜의 기후 구분에 대한 설명으로 틀린 것을 골라 봐요.

① 독일의 기후학자 쾨펜은 기온과 강수량을 이용해 기후를 구분했어요.
② 평균 기온에 따라 기후를 열대·건조·온대·냉대·한대로 나눴지요.
③ 계절에 따른 강수량으로 기후를 더 세밀하게 분류했어요.
④ 쾨펜은 고도가 높은 산지에서 나타나는 고산 기후도 따로 만들었어요.

3 다음 설명 중 옳은 것을 모두 골라 봐요.

① 자연적인 기후 변화는 수만 년 주기로 일어나기 때문에 사람은 그 변화를 느끼기 힘들어요.

② 산업 혁명 이후 화석 연료를 많이 사용하면서 이산화 탄소 배출량이 무서운 속도로 늘어났지요.

③ 이산화 탄소는 지구의 기온을 낮추는 대표적인 온실 가스예요.

④ 이산화 탄소 농도가 높을 때는 추운 빙하기, 낮을 때는 따뜻한 간빙기였답니다.

4 다음 중 엘니뇨와 라니냐에 대해 잘못 설명한 것을 골라 봐요.

① 엘니뇨는 적도 부근 동태평양의 바닷물 온도가 평소보다 높게 지속되는 현상이에요.

② 라니냐는 적도 부근 동태평양의 바닷물 온도가 평소보다 낮게 지속되는 현상이지요.

③ 엘니뇨와 라니냐는 최근 들어 갑자기 나타난 이상 현상이에요.

④ 엘니뇨 시기에는 따뜻한 바닷물이 퍼져 나가며 지구의 기온이 전반적으로 올라갑니다.

2화 환경 – 자연재해로 휘청거리는 지구촌

1 다음은 어떤 자연재해를 설명하는 것일까요?

- 기후 위기가 심각해지면서 매년 되풀이되는 재해
- 2019년 9월부터 2020년 2월까지 오스트레일리아에서 사상 최대 규모로 일어남
- 러시아의 시베리아에서도 2019년과 2020년에 수백 건이 발생해 침엽수림이 많이 사라짐
- 미국 캘리포니아에서도 해마다 발생함

① 지진　　　② 태풍　　　③ 산불　　　④ 홍수

2 2018년 우리나라에서 한 달 넘게 이어진 폭염에 대한 설명으로 틀린 것을 골라 봐요.

① 폭염의 원인은 중국에서 밀려온 뜨겁고 건조한 공기 덩어리였어요.
② 우리나라는 여름철엔 일본 남쪽 바다에서 발달한 북태평양 고기압의 영향을 주로 받아요.
③ 북태평양 고기압과 티베트 저기압의 영향이 겹치면서 우리나라는 뜨거운 공기 안에 갇혔죠.
④ 뜨거운 공기가 돔이나 뚜껑 형태로 땅을 감싸는 열돔 현상 때문에 폭염이 이어졌던 거예요.

3 다음은 어떤 나라에 대한 설명일까요?

> 지중해 동부에 위치한 나라로, 과거엔 인류 문명이 최초로 탄생할 정도로 살기 좋은 곳이었지만 지금은 메마른 땅으로 변했어요. 2007년부터 2010년까지 기상 관측 사상 최악의 가뭄이 계속되면서 농사 자체가 불가능해졌거든요. 농민들은 고향을 떠나 도시로 몰려들었고, 사회적 갈등이 날로 심해졌어요. 결국 내전으로 이어지면서 사상 최대의 난민이 발생했지요.

4 다음 중 해수면 상승에 대한 설명으로 잘못된 것을 골라 봐요.

① 투발루나 몰디브에서는 해수면이 높아지면서 홍수와 해일이 자주 일어납니다.
② 투발루는 2050년에 국토 대부분이 물에 잠길 것으로 전망돼요.
③ 해수면 높이가 올라가는 가장 큰 원인은 빙하가 녹기 때문이지요.
④ 온실가스가 지금처럼 배출되고 온난화가 진행되어도 우리나라에는 아무런 영향이 없어요.

3화 역사 – 과학으로 증명된 기후 위기

1 다음을 읽고 괄호 안에 들어갈 단어를 골라 봐요.

> 옛날에는 화산 활동으로 (㉠)가 대기 중에 배출됐다면, 지금은 석탄이나 석유 같은 화석 연료를 태울 때 나와요. 인간의 활동으로 발생하는 (㉠)는 자연적으로 배출되는 양의 100배에 이를 정도지요. (㉠)는 한번 배출되면 최대 300년간 사라지지 않고 대기에 머물러요. (㉠) 다음으로 온실 효과를 크게 일으키는 물질은 (㉡)입니다. (㉡)은 공기 속에 머무는 시간이 9년이라 (㉠)보다 짧지만, 온실 효과는 20배 넘게 강력한 온실가스이죠.

① ㉠ 이산화 탄소　㉡ 아산화 질소
② ㉠ 이산화 탄소　㉡ 메테인
③ ㉠ 메테인　㉡ 이산화 탄소
④ ㉠ 메테인　㉡ 아산화 질소

2 다음 그래프에 대한 설명으로 틀린 것을 골라 봐요.

① 미국의 킬링 박사가 측정한 이산화 탄소의 농도를 나타낸 그래프예요.
② 그래프가 톱니 모양으로 보이는 것은 봄과 겨울에 식물의 광합성이 활발해 이산화 탄소가 줄었다가 여름에 다시 증가하기 때문이지요.
③ 이산화 탄소 농도를 처음 측정한 킬링의 이름을 따서 킬링 곡선이라고 해요.
④ 죽음의 곡선으로 불리기도 하지요.

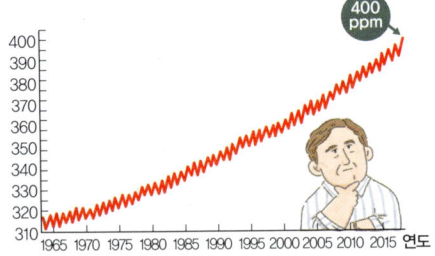

104

3 다음 설명 중 옳은 것을 모두 골라 봐요.

① 1972년 이탈리아 로마에서 열린 국제회의에서 과학자들은 지구 기온이 상승하고 있다고 처음으로 인정했어요.

② 1985년 세계 기상 기구는 온난화의 원인이 이산화 탄소라고 공식적으로 발표했지요.

③ 1997년 일본 교토에서 채택된 교토 의정서에서는 모든 나라가 온실 가스를 줄이도록 의무화했어요.

④ 2015년 만들어진 파리 기후 변화 협정에서는 195개국이 지구의 기온 상승 폭을 산업화 전과 비교해 가급적 2도를 넘지 않게 하자고 약속했어요.

4 온실가스는 지구에서 내보내는 열을 흡수합니다. 만약 지구에 온실가스가 없었다면 어떻게 됐을까요? 서술형 문항 대비 ✓

4화 사회 – 위기를 기회로, 지금 즉시 행동을!

1 다음을 읽고 빈칸에 공통으로 들어가는 말을 써 봐요.

> 유럽 연합은 2050년에는 완전한 (　　　)을 달성하겠다고 약속했어요. (　　　)이란 온실가스를 배출한 만큼 모두 제거해, 결과적으로 탄소 배출량이 0이 되는 상태를 뜻하지요. 전 세계에서 가장 많은 이산화 탄소를 배출하는 중국도 2060년까지 (　　　)을 이루겠다고 발표했어요. 우리나라도 2050년 (　　　)을 목표로 기후 위기에 대응해 나가겠다고 밝혔지요.

_____

2 신재생 에너지에 대한 설명을 바르게 짝지어 봐요.

태양 에너지 ①　　　　　㉠ 바람의 힘으로 풍차의 날개를 돌려서 전기를 생산하는 방법

풍력 에너지 ②　　　　　㉡ 땅속에 있는 열을 이용해 난방을 하거나 온수를 활용하는 방법

지열 에너지 ③　　　　　㉢ 태양광과 태양열로 전기를 생산하는 방법

수력 에너지 ④　　　　　㉣ 댐에 물을 가둔 뒤, 그 물을 떨어뜨릴 때 높이 차이에 의해 발생하는 에너지로 전기를 생산하는 방법

3 다음 설명 중 틀린 것을 골라 봐요.

① 유엔 사막화 방지 협약은 무리한 개발과 자원의 오남용으로 인한 사막화 방지를 위해 체결된 협약이에요.

② 우리가 먹는 음식이나 동물용 사료, 섬유, 연료를 생산하는 과정에서 자연 생태계의 70퍼센트 이상이 변형되지요.

③ 물 부족과 가뭄은 인류의 생존을 위협해요.

④ 원래 건조한 서아시아나 아프리카는 기후 변화로 오히려 사막화에서 벗어나고 있지요.

4 2050년까지 탄소 배출을 완전히 줄이려면 정부의 정책뿐만 아니라 개개인의 노력이 무엇보다 중요해요. 여러분은 탄소 배출량을 어떻게 줄일 수 있을까요? `서술형 문항 대비` ✓

· 가까운 거리는 걷거나 대중교통을 이용한다.

5화 인물 – 기후 위기를 막기 위해 노력하는 양심들

1 그레타 툰베리에 대한 설명으로 틀린 것을 골라 봐요.

① 스웨덴의 환경 운동가예요.
② 2018년부터 스웨덴 국회 의사당 앞에서 기후 변화 대책 마련을 요구하는 1인 시위를 했지요.
③ 금요일마다 학교에 가지 않고 시위를 계속했어요.
④ 툰베리는 국제회의에 참석하기 위해 비행기를 탔어요.

2 다음 설명에서 말하는 사람은 누구일까요?

- 배우이자 환경 운동가예요.
- 2007년 기후 변화를 주제로 한 다큐멘터리 〈11번째 시간〉 제작에도 참여했어요.
- 2016년 미국 아카데미 시상식에서 영화 〈레버넌트〉로 남우주연상을 받았으며, 이때 '기후 변화는 현실이다. 힘을 합쳐 해결책을 마련해야 한다'고 강조했지요.

① 조 바이든   ② 도널드 트럼프
③ 리어나도 디캐프리오   ④ 앙겔라 메르켈

3 다음 설명 중 틀린 것을 골라 봐요.

① 버락 오바마 미국 전 대통령은 온실가스를 많이 배출하는 기업에 탄소세를 내게 했어요.

② 오바마는 파리 기후 변화 협정을 탈퇴했지요.

③ 제임스 한센은 과학적으로 지구 온난화를 증명하고 예측하는 데 기여했어요.

④ 한센은 미국 항공 우주국에서 일하며 1980년대부터 온난화의 증거를 수집했지요.

4 지구의 환경을 살리기 위해 애쓰는 그레타 툰베리에게 응원의 편지를 써 봐요. 〔서술형 문항 대비 ✓〕

정답 및 해설

1화

1. ㉠ 날씨 ㉡ 기후
→ 우리가 매일 듣는 일기 예보가 날씨를 알려 줘요. 날씨, 일기, 기상은 모두 같은 말이에요. 기후는 한 지역의 평균 기상 상태를 말하지요. (☞16쪽)

2. ④
→ 쾨펜의 기후 구분만으로 부족하다고 느낀 다른 기후학자들이 고도가 높은 산지에서 나타나는 고산 기후를 따로 만들었어요.
(☞18~19쪽)

3. ①, ②
→ 이산화 탄소는 지구의 기온을 높이는 대표적인 온실가스이며, 이산화 탄소 농도가 높을 때는 따뜻한 간빙기, 낮을 때는 추운 빙하기였어요. (☞22~23쪽)

4. ③
→ 엘니뇨와 라니냐는 아주 오래전부터 존재했고, 보통 2~7년 주기로 발생했어요. 그런데 최근 급격한 기후 변화에 의해 엘니뇨의 영향력이 예전보다 강해지고 있지요.
(☞26~27쪽)

2화

1. ③
→ 기후 위기가 심각해지면서 매년 되풀이되는 재해는 바로 산불이에요. 기후 위기로 찾아진 폭염과 건조한 날씨가 산불을 몰고 오는 불쏘시개 역할을 하고 있죠. (☞38~39쪽)

2. ③
→ 티베트 저기압이 아니라 티베트 고기압이에요. 티베트 고기압과 북태평양 고기압의 영향이 겹치면서 우리나라는 뜨거운 공기 안에 갇혔지요. (☞40쪽)

3. 시리아
→ 시리아 난민 문제의 배경에는 기후 위기가 자리 잡고 있어요. (☞42쪽)

4. ④
→ 온난화가 이대로 진행된다면 2030년 우리나라 국토의 5퍼센트 정도가 물에 잠기고, 330만 명 이상이 직접적인 침수 피해를 입을 수 있다고 해요. (☞43~44쪽)

3화

1. ②
→ 이산화 탄소와 메테인은 지구에서 내보내는 열을 흡수하는 대표적인 온실가스예요.
(☞56~57쪽)

2. ②
→ 그래프가 톱니 모양으로 보이는 것은 여름에 식물의 광합성이 활발해 이산화 탄소가 줄었다가 봄과 가을에 다시 증가하기 때문이

에요. 보통 이산화 탄소 농도는 4~5월에 가장 높고, 8~9월에 가장 낮아집니다. (☞58쪽)
3. ①, ②
⋯ 교토 의정서에서는 38개 선진국을 대상으로 온실가스를 줄이도록 의무화했어요. 파리 기후 변화 협정에서는 195개국이 지구의 기온 상승 폭을 산업화 전과 비교해 가급적 1.5도를 넘지 않게 하자고 약속했어요.
(☞59~60쪽)
4. 지구에 온실가스가 없었다면 현재 14~15도 사이인 지구의 평균 기온이 냉동실과 비슷한 영하 15도로 떨어져 생명체가 살기 어려웠을 거예요.
⋯ 온실가스는 지구의 기온을 따뜻하게 유지해 주는 고마운 역할을 해요. 그러나 산업 혁명 이후 그 양이 너무 많아져서 문제랍니다. (☞56쪽)

4화

1. 탄소 중립
⋯ 파리 기후 변화 협정에 따라 전 세계는 지구의 평균 기온이 산업 혁명 이전보다 1.5도 이상 올라가는 것을 막기로 약속했어요.
(☞72~73쪽)
2. ① - ㉢, ② - ㉠, ③ - ㉡, ④ - ㉣
⋯ 신재생 에너지는 신에너지와 재생 에너지를 합쳐 부르는 말이에요. 기존의 화석 연료를 변환시켜 이용하거나 햇빛, 물, 지열 등 재생 가능한 에너지를 변환하여 이용하는 에너지를 가리키죠. (☞74~75쪽)
3. ④
⋯ 원래 건조한 서아시아나 아프리카는 기후 변화로 사막화가 심해지고 있어요. (☞79쪽)
4. 매일 하던 샤워 횟수를 줄이거나 컴퓨터 덜 사용하기, 에어컨 대신 선풍기 사용하기 등
⋯ (☞77~78쪽)

5화

1. ④
⋯ 툰베리는 온실가스를 많이 배출하는 비행기 대신 태양광 요트를 타고 대서양을 건너, 국제회의에 참석했어요. (☞90~91쪽)
2. ③
⋯ 조 바이든과 도널드 트럼프는 미국 대통령이며, 앙겔라 메르켈은 독일 총리예요.
(☞92쪽)
3. ②
⋯ 파리 기후 변화 협정을 탈퇴한 것은 트럼프 대통령이에요. (☞93~94쪽)
4. 각자 자유롭게 써 보세요.
⋯ (☞90~91쪽)

찾아보기

ㄱ
간빙기 ·················· 20~21, 23
고산 기후 ······················· 19
교토 의정서 ···················· 60
기후 ··························· 16~19

ㄴ
날씨 ······························· 16

ㄹ
라니냐 ······················ 26~27

ㅁ
메테인 ······················ 56~57

ㅂ
빙하기 ······················ 20~21

ㅅ
사막화 ··························· 79
산불 ························· 38~39
산업 혁명 ················· 22~23
시리아 난민 ···················· 42
신재생 에너지 ········ 74~75, 93

ㅇ
아레니우스 ················ 24~25
에너지 제로 주택 ············· 77
엘니뇨 ······················ 26~27

열돔 현상 ······················· 40
온실가스 ··············· 22~25, 56
온실 효과 ······················· 24
이산화 탄소 ·········· 22~25, 56

ㅈ
장마 ······························· 41
조제프 푸리에 ·················· 24

ㅋ
코로나19 ························· 45
쾨펜 ·························· 18~19
킬링 곡선 ······················· 58

ㅌ
탄소 중립 ······················· 73
태풍 ······························· 41
투발루 ··························· 43
툰베리 ······················ 90~91

ㅍ
파리 기후 변화 협정(파리 협정)
························ 60, 73, 75 93
폭염 ······························· 40

ㅎ
한센 ······························· 94
해수면 상승 ··············· 43~44